问道 新型城镇化

WENDAO XINXING CHENGZHENHUA

李振中 著

北京师范大学出版集团
BEIJING NORMAL UNIVERSITY PUBLISHING GROUP
北京师范大学出版社

图书在版编目(CIP)数据

问道新型城镇化/李振中著. —北京:北京师范大学出版社,
2015.8
ISBN 978—7—303—19089—8

Ⅰ.①问… Ⅱ.①李… Ⅲ.①城市化—研究—中国 Ⅳ.①F299.21

中国版本图书馆 CIP 数据核字(2015)第 121308 号

营销中心电话　010-58802181　58805532
北师大出版社高等教育分社网　http://gaojiao.bnup.com
电　子　信　箱　gaojiao@bnupg.com

出版发行:北京师范大学出版社　www.bnup.com
　　　　　北京市海淀区新街口外大街 19 号
　　　　　邮政编码:100875
印　　刷:大厂回族自治县正兴印务有限公司
经　　销:全国新华书店
开　　本:787 mm×1092 mm　1/16
印　　张:15.75
字　　数:160 千字
版　　次:2015 年 8 月第 1 版
印　　次:2015 年 8 月第 1 次印刷
定　　价:36.00 元

策划编辑:祁传华　　　　责任编辑:王　强　郭　瑜
美术编辑:焦　丽　　　　装帧设计:焦　丽
责任校对:陈　民　　　　责任印制:陈　涛

感　谢

北京市政协

对本课题的大力支持和协助

感　谢

民进北京市委员会

对本课题的大力支持和协助

序　一

　　李振中先生的著作《问道新型城镇化》出版在即，他邀请我为本书作序。出于对农业现代化与农村发展的关注，振中也是武汉大学的博士研究生，我欣然应允。

　　农业、农村、农民问题一直是关乎我国稳定发展与现代化建设的"重中之重"的问题。从 2004 年到 2015 年，中央一号文件连续十二年锁定"三农"，这体现了中央对"三农"问题的高度重视。我国农村人口众多、农业水土资源紧缺，土地规模经营推行困难，传统生产方式难以改变，这是"三农"问题的根源。在城乡二元休制下，中国城乡发展极不平衡，不论是经济社会、产业结构，还是城乡的两类居民身份背后法律权益的兑现程度、实现水平等都有着巨大的差异。务农重本，国之大纲。为"三农"问题找出妥善的解决方案，关乎整个国家的长远发展，关系到中国能否真正实现民族复兴。

　　我一直认为城镇化是解决"三农"问题的重要途径。城镇化有利于节约利用土地，为发展现代农业腾出宝贵空间。随着农村人口逐步向城镇转移，农民人均资源占有量相应增加，可以促进农业生产规模化和机械化，提高农业现代化水平和农民生活水平。城镇经济实力提升，会进一步增强以工促农、以城带乡能力，加快农村经济社会发展。这些年，我国的城镇化进程在取得重大成就的同时，也确实为解决"三农"问题提供了有力支持：我国正经历着人类历史上最大规模的城镇化进程，城镇化的快速推进，创造了更多的非农就业机会，有两亿多的农民从耕地上解放出来，转到第二产业、第三产业中就业。2014年农民人均纯收入达到9892元，而且工资性收入已经超过了家庭经营纯收入。这也就是说，农民收入中的半壁江山已经来自于非农产业。这是非常了不起的事情。

当前我国城镇化发展面临着全球经济增长放缓、经济下行压力增大和经济结构转型升级的压力，面临着一系列严峻的风险和挑战。但推进城镇化是发展的必然趋势，未来只能顺应规律不断前行，没有可退缩的空间。党的十八大明确提出，要坚持走中国特色新型城镇化的道路，全面提高城镇化质量，这两句话含义是深刻的。新型城镇化不是要"化掉农村"，而是要加快城乡一体化进程，破除城乡二元结构，扭转城乡发展不合理局面，推进城乡规划、产业发展、市场建设、基础设施、公共服务、管理体制的改革，促进城乡要素平等交换和公共资源的均衡配置，让广大农民更平等地参与到现代化进程中来，共同分享现代化成果。

世界各国国情不同，城镇化的道路往往各具特点，当代中国城镇化的发展背景和面临的问题困难，远比西方发达国家城镇化高潮时期以及大多数发展中国家复杂。为此，振中在深入调研北京市新型城镇化进程的基础上，结合自己多年的"三农"工作经验体会，并集纳了国内外众多专家学者的思考，形成了《问道新型城镇化》一书：全书不仅深入研究了城镇化道路的历史沿革、国内外发展现状，更是以专题的形式系统研究了城镇化进程中的人口、基础设施建设、环境资源、土地、住房、就业、社会保障、医疗保险、教育等问题，这些问题无一不是当前城镇化建设中的热点和难点。单就其中任何一点，对其进行深入研究都需要耗费极大的精力，并克服重重困难。而振中却以超凡的热情和精力将这些问题一一进行了深入的研究，全景式地展现了问题的现状，深入系统地分析了问题的成因。更难能可贵的是，振中还一一提出了相应的解决对策和建议，使得本书具有较大的实践意义和参考价值。振中从本科考入中国农业大学之初就与中国的三农问题结下了不解之缘，在武汉大学攻读新闻与传播博士期间，把农业和新闻传播有机结合起来，至今的二十多年里，振中也一直从事着三农宣传与研究的工作实践。正是这种心系国家、心系人民的情怀和几十年如一日的执着，才让他在这砥砺前行的路上，不断为我们带来优秀的研究成果。

路漫漫其修远兮，推进新型城镇化的最终目的是为了农民的福祉，它撬动的是生产关系的同步再调整，是触及整个社会结构的深刻变革。当代中国的城镇化建设举世瞩目，任重道远。未来还会有新的城镇化发展问题涌现，需要不停地观察、思考、研究与解决。"振中"意在振兴中华，我相信李振中先生一定会以一腔拳拳爱国深情，继续深化、拓展自己的研究，为中国的城乡发展奉献自己的才干与智慧。且扬帆，乘风破浪，振中华！

韩 进

武汉大学党委书记

2015 年 3 月

序　二

　　今年两会前夕，李振中先生送来了他的新作《问道新型城镇化》的书稿，将我的思绪引到了当前中国面临的城镇化问题上来。

　　城镇化是非农产业在城镇集聚、农村人口向城镇集中的自然历史过程，是人类社会发展的客观趋势，是国家现代化的必由之路。当前，我国已进入全面建成小康社会的决定性阶段，正处在经济转型升级、加快推进社会主义现代化的重要时期，也处在城镇化深入发展的关键时期。中国共产党第十八届三中全会明确提出，要完善城镇化健康发展体制机制，坚持走中国特色新型城镇化道路。这是党中央立足国情，顺应发展规律，面向未来做出的一项重大战略决策，为新的时代条件下我国的城镇化发展指明了前进的方向。积极稳妥、扎实有序地推进城镇化，推动经济社会持续健康快速发展，对全面建成小康社会、加快社会主义现代化建设进程、实现中华民族伟大复兴的中国梦，都具有重大现实意义和深远历史影响。

　　回顾改革开放三十多年，我国的城镇化发展取得了举世公认的成就，完成了西方发达国家经历上百年才走过的路程。到 2013 年，我国城镇人口达到 7.3 亿人，城镇化率达到 53.7%，中国已经告别了以乡村型社会为主体的时代，进入以城市型社会为主体的新时代。城镇化的快速推进，吸纳了大量农村劳动力转移就业，改变了亿万农民的命运，提高了城乡生产要素配置效率，推动了国民经济持续快速发展，带来了社会结构深刻变革，促进了城乡居民生活水平的全面提升。与此同时，在城镇化快速发展的过程中，也存在一些必须高度重视并着力解决的突出矛盾和问题。只有深刻认识城镇化对经济社会发展的重大意义，牢牢把握城镇化蕴含的巨大机遇，准确研判城镇化发展的新趋势、新特点，妥善应对城镇化面临的困难与挑战，才能真正把中国特色的新型城镇化道路走新、走实、走好。

　　面对城镇化过程中的问题和挑战，许多专家学者在不断思考和探索着解决之道，振中就是其中有代表性的一位。2011 年加入中国民主促进会的振中是一位上进心和责任感很强的年轻人，有干劲，有热情，有社会责任感，对党派工作非常投入。虽然入会时间不算长，但振中却做了不少工作。在民进工作上勇于探索、开拓创新，将个人对民进的政治信仰和追求转化为服务社会的实际行动。他充分发挥自己的专业特长和实践积累，关注教育文化、热心公益捐赠、积极帮贫助困，利用各种媒体宣传报道民进，提升民进社会服务水平、扩大民进社会影响；在每年两会期间，他都联系多家媒体尤其是中央电视台不同频道和栏目的记者，采访报道民进中央两会参政议政成果，北京市委会的宣传事宜也是主动承担了很多；在社会服务、捐贫助困、公益奉献方面，振中做出了突出贡献；在参政议政上，振中尽职尽责，表现出色。连续多年提交了很多政策建议或社情民意，并有多篇信息得到北京市委、市政府有关领导批示，被北京市委、市政府、市政协、市委统战部等采用。2014 年承担的民进北京市委重点调研课题"新型城镇化建设中农民财产性增收研究"，并被评为北京市民主党派参政议政优秀调研成果二等奖，推荐为北京市政协十二届第三次会议书面发言材料。本书就是振中在北京市政协和民进北京市委有关新型城镇化建设调研课题的基础上完成的。

振中送过我一本他撰写的《赢者有道》。从《赢者有道》到今日的《问道新型城镇化》，在我眼中，振中是一个时刻在思考着、探索着的人。参加工作二十多年来，他一直从事"三农"研究与宣传。看完《问道新型城镇化》书稿后，我感受到全书字里行间渗透着"开拓创新、以人为本"的思想，这也高度契合了李克强总理在推进新型城镇化建设试点工作座谈会上关于"新型城镇化贵在突出'新'字、核心在写好'人'字"的重要指示，也体现了 2014 年发布的《国家新型城镇化规划》中提出的"要紧紧围绕全面提高城镇化质量，加快转变城镇化发展方式，以人的城镇化为核心，以城市群为主体形态，以综合承载能力为支撑，以体制机制创新为保障，使城镇真正成为人们的安居之处、乐业之地"的指导思想。我国的城镇化是一场在中国现代化发展史和人类进步史上都具有重大影响的伟大实践，亟须广泛深入的理论探讨和科学的理论指导。我认为振中这一本《问道新型城镇化》不仅意义重大，而且正逢其时。该书从实践的角度分析了新型城镇化建设过程中的一系列重要问题，深入探讨了上述问题存在的原因，特别是探寻了这些问题的解决思路和对策。这是一部具有创新性与系统性的城镇化研究著作，是一部源自实践、具有可操作性的新型城镇化发展作品。相信本书面世后，必将唤起更多有识之士关注城镇化问题，有助于推进新型城镇化过程中各种问题的解决，助力我国新型城镇化发展。

最后衷心祝愿也相信振中在今后的工作中，能够一如既往重学习、勤实践、乐调查、勇钻研，积极参政议政，为民进北京市委、为国家、为社会做出更大贡献。

庞丽娟

全国人大常委

民进中央常委

民进北京市委主委

2015 年 3 月

目录 MULU

第一章 概　论

一、新型城镇化研究的背景与意义

(一)新型城镇化道路是具有中国特色的历史产物

当前是世界城镇化飞速发展的时代，是城镇化进程快速推进的时代。城镇化作为当今世界重要的社会经济现象之一，数十年来一直是政界、学界、商界以及其他社会各界关注的热点。

城镇化是一个长期且复杂的过程，这一进程对一个国家的政治、经济、社会、文化等各方面的改变具有重大意义与作用。中国特色城镇化的推进与中国独特的社会经济背景以及由此而形成的特殊的城乡关系等方面有着密切联系。尤其对于中国这样一个人口基数大、城镇化水平低、适宜城镇发展的资源匮乏、区域差异明显的发展中国家来说，城镇化引发的变革尤为宏大，产生的影响更为深远。

第一，人口基数大，但城镇化水平较低。中国是世界上人口最多的发展中国家。中国的人口不仅数量大，而且增长速度快。根据国家统计局公布的第六次全国人口普查数据显示，2011 年全国人口

1

总数为 13.7 亿。与此同时，中国的人口分布极不平衡，全国大多数人口聚居在占全国总面积 43％ 的东南部，乡村人口所占比例较高，城市化水平较低。据调查显示，2011 年，美国人口总数为 3.1 亿、英国人口总数为 0.6 亿。通过数据可以看出，中国人口总数是美国的 4.4 倍，是英国的 22.8 倍。这意味着当中国城镇化率提高 1％ 时，所转移的人口数量可以使美国城镇化率提高 4.4％，使英国城镇化率提高 22.8％。从这些数据不难发现，相比较美国、英国等国家，中国的城镇化进程面临着巨大的人口转移压力。

第二，资源丰富，但适宜城镇发展的土地资源较为匮乏。中国拥有 960 万平方公里的广阔国土，但适宜城镇发展的土地资源较为匮乏，直接表现为耕地面积的减少。国土资源部的数据显示，截至 2013 年年底我国耕地保有量为 20.27 亿亩，2013 年全国因建设占用、毁灭、生态退耕、农业结构调整等原因耕地面积减少 35.47 万公顷。第二次全国土地调查的耕地质量等别成果显示，全国耕地平均质量总体偏低。优等地面积为 385.24 万公顷，占全国耕地评定总面积的 2.9％；高等地面积为 3 586.22 万公顷，占全国耕地评定总面积的 26.5％；中等地面积为 7 149.32 万公顷，占全国耕地评定总面积的 52.9％；低等地面积为 2 386.47 万公顷，占全国耕地评定总面积的 17.7％。耕地面积的减少，制约了城镇化的可持续发展。

中国各地区在自然地理、经济和区域文化上存在明显差异。随着改革开放，我国东部沿海地区率先发展起来，较西部地区经济发展水平高，城镇化率较高。而我国西部地区，则因有一半以上的土地(西部地区土地面积为 545 万平方千米，占全国土地面积的

56.77%)为不适宜人类居住的高原、丘陵、沙漠及戈壁等,使得东、西部地区在经济发展上面产生了明显的差异。调查显示,西部地区耕地面积仅占全国耕地面积的 23.7%,宜农耕地面积占本区域面积的比例只有 7.3%,远低于东部地区的 41.78%。西部地区多是丘陵地带,耕作条件差,现代化机械使用有限,农业生产主要依赖传统的人力劳动。城市规划专家、中国工程院院士邹德慈说过:我们的城镇化不能脱离国情,中国是农业大国,中国特色的城镇化,就是要立足这个国情。我国的人口规模、资源分布、区域差异等背景条件决定了中国的城镇化道路必须从基本国情出发,走出具有中国特色的新型城镇化之路。

(二)新型城镇化道路是我国全面深化改革的重要部署

党的十八大报告提出大力推进新型城镇化建设,要全面建设小康社会,坚持科学发展,即坚持走中国特色新型工业化、信息化、城镇化、农业现代化道路,推动信息化和工业化深度融合、工业化和城镇化良性互动、城镇化和农业现代化互相协调,促进工业化、信息化、城镇化、农业现代化同步发展的"新四化"目标。在全国两会期间也明确提出新型城镇化是我国当前整体现代化建设的一项历史任务。

党的十八届三中全会从深化体制改革、优化资源配置、健全城乡发展一体化机制、生态文明建设等体机制方面提出了一系列更好、更快推动城镇化发展的基本要求。

习近平总书记在十八届三中全会上指出:要紧紧围绕更好保障和改善民生、促进社会公平正义、深化社会体制改革,推进基本公共服务均等化。这体现了党和政府对于公平正义的重视，通过加强制度建设，保障社会的公平和正义，充分体现了新型城镇化中"人口城镇化"这一核心问题。2012 年中国的户籍城镇化率只有 35％，低于 52.57％的常住人口城镇化率。这表明进入城市的农民工中，大部分没有享受到医疗、养老等基本公共服务，在基本服务上面与城市人口存在着较大的差距。十八届三中全会提出的基本公共服务均等化打破了半城镇化的格局，将推动农民工向市民的转化，进而推动新型城镇化建设的发展。

党的十八届三中全会提出的把"市场"放到资源配置中的关键地位，让市场发挥决定性作用，深化经济体制改革，将有利于构建市场主导、政府引导的城镇化发展格局。十八届三中全会提出了正确处理好政府与市场间的关系，把市场的作用提高到了一个新高度，进一步推进了简政放权，放松管制。在资源配置中，更多的发挥政府的引导作用，提倡依赖市场机制，弱化政府的行政干预，充分利用规划、政策等政府引导手段实现质量型城镇化道路，实现新型城镇化的可持续性发展。

《中共中央关于全面深化改革若干重大问题的决议》提出"建立城乡统一的建设用地市场"，"赋予农民更多财产权利"。这些赋权于民的原则，使农民以产权保生存、以产权谋发展，极大地推动了农民收入的提升。城乡发展的一体化机制将全面的推进以工促农，以城带乡，提高劳动生产率，进而提高农民的收入，使得高收入人群增加。这一城镇化进程的转变，将拉动中国经济内需的发展。

《中共中央关于全面深化改革若干重大问题的决议》还提出，要建立系统完整的生态文明制度体系，用制度保护生态环境，这将有利于推动城镇化走节约优先、保护优先、自然恢复为方针的生态道路。中国长期以来生态文明制度体系建设不完善，资源使用成本过低，生态保护不严。改革生态环境保护管理体制，将必定扭转之前城镇化过程出现的各种城市病、粗放病。

（三）新型城镇化道路是实现现代化的必由之路

诺贝尔经济学奖获得者、美国经济学家斯蒂格利茨预言，影响未来世界经济发展的两件大事是美国的高科技发展和中国的城镇化。由此可见，城镇化将逐渐成为我国经济增长的关键性因素。新型城镇化建设有力地吸引了生产要素向城镇聚集，优化资源配置与城乡经济结构，有利于中国经济的发展。新型城镇化建设促进了大量农村人口的转移，加速了农村剩余劳动力向城镇地区的转移，对解决中国的人口问题起到了关键作用。同时，新型城镇化建设有力地统筹了区域间协调发展，使得不同城镇按照比较优势进行城镇定位，实现了共同发展。当今社会倡导富强、民主、文明、和谐，倡导自由、平等、公正、法治，倡导爱国、敬业、诚信、友善，积极培育和践行社会主义核心价值观。富强、民主、文明、和谐是国家层面的价值要求，这个概括回答了我们要建设什么样的国家与社会的重大问题。而新型城镇化建设对城乡居民权益平等、城乡资源自由流动和共享、城乡教育、文化、医疗、社会保障和生活方式一体化的要求，正是城镇化发展的过程。新型城镇化建设将有利于社会和谐的发展。

与此同时，影响新型城镇化建设的问题也开始显现，影响力不得小觑。20 世纪 90 年代以来，随着我国城镇化进程的不断加快，城镇化建设速度也在逐步加快。目前我国已经进入城镇化快速发展阶段，城市功能也得到了进一步完善和提升。但是，城镇化水平、产业收入与高收入国家还存在较大差距，而且随着我国城镇化进程的不断加快，所带来的问题也日益凸显、社会问题日益增多。比如，户籍制度附着的城乡利益差别和影响劳动力自由流动的问题、城镇化进程中农民土地权益的问题、土地城镇化速度快于人口城镇化速度的问题、行政化力量推动城镇化发展以及缺乏区域协调的问题、城镇化过程中的资源约束和生态环境破坏的问题、城镇制度等软件建设落后于城镇产业等硬件建设的问题、城镇化率虚高以及农民工的去留两难问题等。能够看出，中国城镇化发展过程中产生了不少问题，同时面临着严峻的形势。因此，针对新型城镇化进程中可能遇到的问题进行研究，以及如何应对新型城镇化建设中面临的挑战问题与对策进行研究就显得至关重要。

二、国内外关于城镇化及新型城镇化的研究

中国自 1952 年开始工业化建设，到 2011 年全国城镇化率达 51.2%，这 60 年来中国的城镇化发展经历了曲折的进程。在笔者看来，现如今社会倡导的新型城镇化建设是我国城镇化建设这条漫漫长征路中的一次重大转变。要研究新型城镇化发展，不得不提我国城镇化发展建设。因此，在本章中笔者将从国外、国内两个方面，对我国城镇化建设与新型城镇化建设进行综述。

（一）国外关于中国城镇化及新型城镇化的研究

总体上看，国外关于城镇化的研究较为成熟。由于西方一些发达国家的城镇化水平在 20 世纪就已具有较高水平，甚至出现了人口由城镇向城郊回流的现象，因此在研究上具有较大的可参考性。整体上看可以分为三个时期。第一个时期为 1900 年以前，以马克思的《资本论》、恩格斯的《英国工人阶级状况》、亚当·斯密的《国富论》等为代表，在城镇化的发展中均有不少论述。第二个时期是 1900~1945 年，其研究大多关注全球或区域大尺度范围的城市化空间扩散组织结构及城市化的发展规律，其理论大致可分为分散主义和集中主义两大派系。第三个时期为 1950 年至今，西方城镇化的理论随着经济、社会、生态等各学科向城市化领域渗透，开始变得多元化。

中国的城镇化发展从研究内容上来看，国外学者的研究相对集中在三个方面。

一是单从城镇化本身出发，侧重其发展策略与路径选择的研究。如 J. 弗农·亨德森在《中国的城市化：面临的政策问题和选择》提到中国需要一个给政府官员决策提供适当激励的城市决策结构以替代过时的命令结构，引入激励机制使有关城市财政、土地利用、移民政策和地方公共服务的决策更加合理。白雪梅在《中国城市转型的趋势、影响与政策指向》一文中就考察了中国城市转型的社会经济意义及其环境影响，对城市可持续化发展的政策指向进行了综合评述。

二是从社会层面，侧重阶层、结构与认同的研究。如艾伯特·帕克在《中国城乡不平等》一文中讨论了在量化中国农村和城市不平等的程度中出现的计量问题，并评估了中国农村向城市人口流动和城市化的程度问题，他强调应把进一步扩大劳动力流动作为缩小城乡差距战略的重要部分，同时他提出政府应当逐步淘汰户籍制度。此外还有范芝芬在《定居意愿和分局家庭——关于北京城中村移民调查的研究发现》、卡罗琳·卡地亚的《中国南方的象征性城市/地区及其性别身份的形成》等对城市社会结构问题关注的文章，探讨了中国城市社会结构变动与中国模式的问题。

三是从城镇化的治理来说，侧重制度设计及其挑战的研究。如三井物产战略研究所中国经济中心于 2010 年发表了《中国的城市化与社会深层的户籍问题研究》，对中国户籍制度的定义及其历史进程的中国政府迄今的举措进行了考察，并就户籍制度的改革方向进行了分析。报告指出中国为实现持续发展，户籍制度改革不可或缺，但希望在短时间内修正长达半个世纪所形成的户籍制度，消除各种弊端则绝非易事。

从十六大开始，中央逐渐将新型城镇化的思路明晰。2003 年 10 月，党的十六大提出"走中国特色城镇化道路"；2005 年 10 月，党的十六届五中全会提出"新四化"倡导新型城镇化；2007 年 10 月，党的十七大确立"新五化"，利用科学发展观推进新型城镇化，2011 年提出了坚持走中国特色城镇化的道路；2012 年，党的十八大明确新型城镇化的发展路径。至此，新型城镇化的理论探索逐步明晰。"新型城镇化"是近几年才确定的具有中国特色的理论概念，关于此方面的国外研究，除了一些报道的论述外，鲜有深度研究成果。

（二）关于中国城镇化与新型城镇化的国内研究

中国的城镇化研究起步较晚，但改革开放至今，中国的城镇化也取得了显著的成就，从时间上来看，可分为三个时期。第一个时期为 1990 年以前，国内的研究者们常从实证的角度进行分析，如周一星的《城市地理学》、费孝通的《论小城镇建设》等。第二个时期为 20 世纪 90 年代，我国城镇化研究的高峰期。这个时期侧重从区域经济地理学和区域经济学发展的角度剖析城镇化发展的宏观区域背景、宏观政策和动力机制、运行机制等。第三个时期为 20 世纪末至今，这个阶段的研究将城镇化更为形象表达出来，侧重针对已初具雏形的城镇进行模式化、发展现状、成就以及存在问题等方面的研究。如沈和的《城镇化可持续发展研究》、石楠的《健康城镇化》、孙淼的《资源枯竭型城市可持续发展调控研究》等。

促进城镇化的健康、可持续发展转型是国内学者津津乐道的地方。中国工程院院士邹德慈、何镜堂，同济大学副校长、瑞典皇家工程科学院院士吴志强等也对中国城镇化的发展有着独到的见解。

中国工程院院士邹德慈认为中国城镇化本质是人的城镇化。农村人口向城市的大规模迁移，不能仅仅看作是"造城运动"和"新农村建设"，还是一项涉及政策、法规、制度改革等一系列软件支撑与观念改变的综合、复杂的"社会工程"。邹德慈认为中国城镇化进程具有四个主要特点：起步于人口世界第一的中国独特国情；持续的农业人口城镇化带来不同代际间的变化；"半城镇化"现象说明城镇化质量不高；城镇化过程受政策方针的引导和干预较强。同时，他认为未来 20 年应是我国城镇化继续推进但增速趋缓，重心由"量变"转向"质变"的过程。

同济大学副校长、瑞典皇家工程科学院院士吴志强认为，当下中国正处于城镇化跨越 50％ 的历史时刻，面临着前所未有的机遇和挑战。他曾追溯历史，梳理比较英、德、美、法、日、巴、韩等国家在城镇化率 50％ 时期的经济社会发展状况，总结出中国粗放城镇化模式不可持续，应借鉴世界各国城镇化成功经验，冷静理性地推进城镇化。同时，他认为基于中国发展不平衡的显示，必须选择一条分层级、分梯队的新型城镇化道路。

中国工程院院士何镜堂则以建筑师的视角，探讨了快速城镇化进程给中国城市带来的巨大改变。何院士认为，中国建筑需要传承以"和谐"为核心价值的"天人合一"的传统文化思想与建筑哲学观，以满足人的需求作为衡量建筑的出发点。何院士对城镇化下建筑传承与创新的思考，对于建设新型城镇化中的中国城镇具有非常重要的启示。

关于国内中国新型城镇化建设的研究，有学者认为，我国的新型城镇化发展模式应当采用小城镇化的模式。2000 年，胡俊生提出，"随着我国乡镇企业的快速发展，人口逐渐向乡镇转移，就业逐渐向乡镇工业转移，人口的不断积聚逐渐形成小城镇，即乡村工业化→乡镇（人口）城镇化→小城镇发展路径"。有学者认为，我国的城镇化发展模式应采用统筹城乡发展，因地制宜的发展模式。2009 年，仇保兴在《中国城镇化：机遇和挑战》中提出，中国既不能走欧美的 A 模式，也不能走拉美的 B 模式，而应该走符合中国国情的 C 模式。该书定义的 C 模式是指既充分利用市场机制的高效，又能低成本补偿其负面影响的新型城镇化模式。除此之外，我国著名学者梁思成主张把城镇形成过程看成是一个自然机体的成长过程，在城镇扩张中必须注意协调各方关系,力求使城镇在发展中始终保持一个有序的功能齐全的组织。他提出新型城镇化发展体制应该在尊重生态文明的情况下进行。早在 20 世纪 40 年代,梁思成就对中国可能会出现的城镇化道路提出过自己的想法,他认为:"我国国家正将由农业国家开始踏上工业化大道,我们每一个市镇都到了一个城市中的'青春时期',假使我们工业化进程顺利发展,则在今后数十年间,许多市镇农村恐怕要经历到前所未有的突然发育,这种发育若能预先计划、善于辅导,使市镇发展为有秩序的组织体,则市镇健康,居民安乐,否则一旦错误,百年难改,居民将受其害无穷。"

通过对文献的梳理发现,国内有关新型城镇化的研究不乏深刻的理论深度,但少有研究者能够将我国现在城镇化进程中出现的一些问题进行分析,并给予更加符合实际和具有可操作性的解决方案。

总体来说,由于国外早已完成城镇化,因此他们对于城镇化问题的研究成果,对我国城镇化发展来说具有借鉴意义。但这些研究多是从外围进行的一种观察与评价,存在一定程度的国情和文化差异,因此国外学者的研究也只能是作为参考,走出一条中国特色的城镇化道路,还需依靠我们自己进行理论和实践的探索。

加快推进新型城镇化进程,提高城镇发展水平是一项艰巨而复杂的历史任务,也是一项需要不断深入研究探索的重大课题。我们必须进一步统一思想、抓住机遇,开拓创新、真抓实干,为推进城镇化更好更快发展,为国民经济持续健康发展增添强大动力。

第二章 中国城镇化建设的历史与现状

一、城镇化与新型城镇化

新型城镇化建设是中国社会转型时代背景下所产生的具有理论价值与实践意义的发展模式，也是中国特色城镇化发展的重要产物。在探讨新型城镇化建设过程中的问题与对策前，应先梳理城镇化与新型城镇化等相关概念，为后续研究提供理论基础与概念体系。

(一)城市与城市化

城市是"城"与"市"的组合词。"城"主要是为了防卫，并且用城墙等围起来的地域。《管子·度地》说"内为之城，内为之阔"。"市"则是指进行交易的场所，"日中为市"。这两者都是城市最原始的形态，严格地说，都不是真正意义上的城市。城市也叫城市聚落，是以非农业产业和非农业人口集聚形成的较大居民点(包括按国家行政建制设立的市、镇)。它包含两个特征：一是非农产业是主业；二是非农业人口集聚。

城市化，又称都市化，是指人口向城市聚集、城市规模扩大以及由此引起一系列经济社会变化的过程，其实质是经济结构、社会结构和空间结构的变迁。城市化的本质是多种经济用地和生活空间用地聚集过程，是经济社会环境共同发展的统一过程，是人类社会为了满足自身生存和发展需要而创造人工物化环境的动态过程。

（二）城镇与城镇化

"城镇"一词曾多次出现在我国历代相关著作中，其中南北朝的《周书·晋荡公护传》："护率轻骑为先锋，昼夜兼行，乃遣裨将攻梁临边城镇。"北宋的《资治通鉴·后唐庄宗同光三年》："自馀城镇皆望风款附。"当代魏巍的《火与火》："多少城镇和乡村，在敌机滥炸下，已经成了混着白雪的焦土。"等等。目前，一般认为城镇指的是县城、县城以下比较发达的集镇和乡镇行政机构所在地，以及在大城市周围农村中建设的卫星城镇。城镇具有两层含义，从性质上看，城镇是介于乡村与城市之间的过渡型居民点。从内涵上看，城镇是以非农业人口为主，具有一定规模的工商业的居民点。

城镇化是我国现代文明进程的一个重要标志，它不仅是生产力水平的反映，也是生产力发展的结果。在我国，通常认为，城镇化是农村人口向城镇转移、集中以及由此引起的产业——就业结构非农化重组的一系列制度变迁的过程。从定义中能够发现，城镇化是一种由"乡"向"城"转变的过程，是劳动、土地等生产要素从传统农业向制造业和服务业转移，以提高资源要素配置效率的过程。同时，它又是一种由上而下发起、自上而下推动的过程，是现代化的必然趋势。

（三）城市化与城镇化

在学术界，一直有这样一个争议，"城镇化"和"城市化"均来源于"Urbanization"一词，是同一词的不同译法。有学者认为，"城镇化"比"城市化"更加符合中国国情。

其实，城市化与城镇化是两个既有联系又有区别的不同概念，分别代表了城市化进程中的两个不同阶段，城镇化主要强调了镇在城市化进程中的突出作用，即农村城镇化；而城市化则侧重于城市质量的提高，即城镇城市化。城镇化与城市化某种意义是相辅相成存在的。城镇化的最终目的是城乡一体化，是在生产力高度发达条件下，城乡融合，互为资源、互为市场、互为服务，达到城乡之间在经济、社会、文化、生态等各个方面协调发展的过程。在这一过程中并不是所有农村都变为城市，更不是城市的乡村化，而是彻底消除城乡二元结构差别，城乡共享发达的物质文明和精神文明。从我国的国情出发，现阶段实施农村城镇化是实现城乡一体目标的有力条件之一。因此，对于城镇化与城市化的理解，在我国复杂的国情下带有了一丝本土化气息。

（四）城镇化与新型城镇化

新型城镇化的具体定义和发展模式，最早出自一篇张荣寰撰写的《生态文明论》，"新型城镇化，是指坚持以人为本，以新型工业化为动力，以统筹兼顾为原则，推动城市现代化、城市集群化、城市生态化、农村城镇化，全面提升城镇化质量和水平，走科学发展、集约高效、功能完善、环境友好、社会和谐、个性鲜明、城乡一体、大中小城市和小城镇协调发展的城镇化建设路子"，还指出："新型城镇化是为了提高人民民生幸福水平而规划建设的生态文明城镇集群。"新型城镇化的核心在于不以牺牲农业和粮食、生态和环境为代价，着眼农民，涵盖农村，实现城乡基础设施一体化和公共服务均等化，促进经济社会发展，实现共同富裕。新型城镇化的基本特征是以人为本、发展人文、生态宜居、产业优化、城镇联动、走廊便捷、循环持续、和谐发展；是大中小城市、小城镇、新型农村社区协调发展、互促共进的城镇化；是具有独特竞争力、自优化的生态产业群。新型城镇化是空间调整的最高艺术。

城镇化是中国下一个十年的最大发展机遇。中国民主建国会中央副主席、经济学家辜胜阻教授认为，中央经济工作会议根据十八大精神确立的"城镇化新政"，不仅标志着我国改革的新起点、传递着平等的新理念，更预示着城镇化将成为经济增长的新引擎、给经济社会发展带来新红利。城镇化与新型城镇化相比有以下三点区别：一是从目标上看，相较传统的强调经济、城市发展的传统城镇化，新型城镇化更加注重经济社会环境、文化全面转变的城乡一体发展。二是从核心内容上看，新型城镇化的核心是以人为本的城镇化，重点解决农业转移人口的"半城镇化"问题。而传统城镇化则是强调土地、住房的城镇化，这是一个很大的差别。三是从动力导向上看，新型城镇化强调城市化、工业化、信息化、农业现代化的四化互动，强调市场的主导性，而传统的城镇化则侧重工业化的联动作用，强调政府引导与干预。

我国推进新型城镇化强调要坚持"集约、智能、绿色、低碳"的方针，提高质量，趋利避害，引导城镇化健康发展。在城镇化发展过程中，不仅要重视"量"的扩大，更要重视"质"的提高，要由重数量的外延式扩张到重品质的内涵式发展，建设"幸福城市""智慧城市""和谐城市"。

二、全球城镇化进程与基本规律

城镇化是人类进入工业社会后的一种社会进步现象,主要是指农村人口不断向城镇转移,第二产业、第三产业不断向城镇聚集,从而使城镇数量增加、规模扩大的一种历史过程。城镇化的过程也是各个国家在实现工业化、现代化过程中所经历社会变迁的一种反映。据联合国历年城市化分析报告看,1800 年全球城镇人口为 5 000万,城镇化水平仅为 5.1%。1900 年全球城镇人口达到 2.2 亿,城镇化水平约为 13.3%。截至 2014 年,全球城镇人口已多达 37.6 亿,城镇化水平超过 50%。

世界城镇化进程经历了三次浪潮。第一次是英国及欧洲的城镇化,开始于 1750 年,历时将近 200 年;第二次是美国及北美的城镇化,开始于 1861 年,历时近 100 年;第三次是拉美及发展中国家的城镇化,开始于 1979 年,预计历时四五十年。从 18 世纪中后期到19 世纪中期近 100 年,英国城市人口比例从 20% 提高到 51%,从而使英国成为世界上第一个高度城镇化国家。1760 年英国工业革命开始后,以蒸汽机为动力的农业机械化设备的出现推动了农业技术革命,促进了英国农业生产力的发展,英国农村出现了大批剩余劳动力并向城市转移,城镇化进程由此加快。从 19 世纪末到 20 世纪 70年代,伴随着工业化的快速发展和对西部地区的开发,美国城镇化在 1970 年就已超过 70%。此后,城镇化增速开始放缓,目前美国的城镇化水平已经超过 90%。拉美地区国家城镇化的快速发展开始于 20 世纪 50 年代，从 20 世纪 70 年代开始大城市的人口每 10 年就翻一番。而城市的产业缺乏吸纳这些人口的能力，造成了城市居民的贫困化。到 20 世纪 70 年代中期，拉美国家城市人口已占总人口的 60%，但在工业部门就业的人口比重却为 20%～30%，大约有 1/4 的城镇居民生活在贫民窟中，城镇人口贫困比例甚至超过农村人口比例，被学者称为"过度城镇化"。

三、中国城镇化整体发展进程与现状

(一)历史现状

1. 第一阶段(1949－1957)：工业化建设推动下的城镇化进程较快发展

新中国成立之初，中国的城镇化发展道路呈现出明显的国家计划主导的色彩。

这一时期社会经济生产能力低下、资源短缺，同时政府又肩负着在短时间内较快建立起社会主义国民经济体系的责任。具体看来，这一阶段分为两个时期：1949 年至 1952 年的三年恢复，1953 年至 1957 年的"一五"建设时期。

1949 年至 1952 年，是三年恢复时期。新中国成立后，政府迅速着手恢复生产，遏制通货膨胀，取缔金融投机，驱逐外国资本势力与官僚资本，建立最初的国营经济。通过三年的恢复期，实现了国家经济状况的基本好转。

1953 年至 1957 年，是第一个五年计划时期。党和政府通过各种大规模集中资源和社会运动的方式，加强了对经济的干预。在这个时期，国家的设市建镇标准逐渐完善。1955 年 6 月，国务院发布了《关于设置市、镇建制的决定》，这是新中国成立后我国第一部关于市镇设置的正式法律文件。国家建委提出：50 万人口以上的为大城市，20 万～50 万人口以下为中等城市，20 万人口以下为小城市，为一两个厂矿服务所建立的居民点并不设立城市的为工人镇。

在此背景下，国家以发展工业为目标，通过建立一大批以工业发展促进城镇发展的方式，有计划地配置和聚集了资源与劳动力，实现了城镇化的快速发展。数据表明，这一阶段的城镇化率从 10.6% 提高到了 15.4%，年均提高 0.53 个百分点（按"一五"口径则年均提高 0.59 个百分点）。工业城市发展迅速，新建八大重点工业城市，改建、扩建一批工业城市，华北地区和东北地区为国家工业化和城镇化发展的重点地区。这个时期，北京市的城镇化率为 42.5%。

2. 第二阶段（1958—1977）：大起大落之后陷入长期停滞

受到"大跃进"与"文化大革命"的影响，这一阶段中国的城镇化发展基本处于停滞甚至倒退的状况。

1958 年至 1960 年，全国开始了"大跃进"，城镇化水平从 15.4% 猛增到 19.8%。高度集中的计划经济体制，给国民经济造成了巨大挫伤。在粮食供给出现危机的情况下，政府开始压缩城镇职工数量，据统计，在 1961 年至 1963 年期间，全国城镇人口减少了 2 600 万人，精简职工 1 940 万人。同时，市镇数目也有所减少，据统计，至 1978 年，全国建制城镇为 2 173 个，比 1954 年减少了 60%。

在这一时期，党和政府通过户籍制、单位制、人民公社制、阶级分类制等基础性制度以及一元化意识形态，建构了所谓的总体性社会体制。这使得中国城乡之间开始出现了结构性的二元分割，城乡之间的联系被限制。正如上文所提到的，具有消费与流通功能的小城镇数目减少，出现衰落现象。费孝通先生通过对江苏省吴江县的调查，印证了改革开放前小城镇衰落这一不争的事实。

1966年"文化大革命"发生后，城镇建设基本陷入停滞，继而发动了知识青年上山下乡运动。1962年至1977年全国城镇化率连续16年保持在17%以上的水平。

3. 第三阶段(1978—1994)：改革开放引领东南沿海城镇化率先发展

20世纪八九十年代，中国逐步探索出了一条以小城镇复兴为特征的城镇化道路，乡镇企业在推动农村剩余劳动力就业等方面发挥了重要的作用。

1978年改革开放后，国家实施了一系列经济体制改革措施，以"让利"和"放权"为重点，调动企业和地方的积极性，促进城市经济的发展。与此同时，国家在一定程度上放开了对农民进城的限制，使得城乡之间的隔离有所改变。此外，随着沿海的对外开放以及1992年邓小平南方讲话，以市场经济体系为目标的改革道路为中国的城镇化发展指明了方向。

在此期间，国家对户籍制度、设市建镇标准和城市发展方针等都进行了相应的调整。1982年，国家开始推行市管县制度。1984年，国家发出了《关于农民进集镇落户问题的通知》，开始允许农民自带口粮进入集镇。1984年、1986年国家分别对建制镇和设市的标准进行了修订。在城市发展策略方面，则主要强调"控制大城市规模，合理发展中等城市，积极发展小城市"。

以北京为例，这个阶段是北京市城镇化进程高速推进时期，城镇化率从55%提高到了73.5%，平均每年提高1.5个百分点。这一阶段的特征是：人口城镇化速度快，但城镇化质量低；城乡边沿清晰，二元化体制下城乡基本各自独立发展，城乡之间联系少，城市扩张不明显；城市基础设施投入不高，基础设施水平较低。在这个阶段北京市推进城镇化的主要动力：一是知识青年大量返城，使城市人口激增；二是人口自然增长率上升；三是农村乡镇企业异军突起，农村经济高速发展，农村富余劳动力快速向城镇转移。

4. 第四阶段(1995年至今)：市场经济体制改革的深化，进一步推动了城镇化快速发展

在这一时期，社会主义市场经济体制改革全面深化，为我国的城镇化发展提供了强大动力，城镇化逐渐上升到国家战略层面。党的十五大报告明确提出"搞好小城镇规划建设"，党的十五届三中全会又明确提出了"发展小城镇，是带动农村经济和社会的一个大战略"，"十五"规划提出"推进城镇化的条件已经成熟，要不失时机地实施城镇化战略"，"十一五"规划提出"坚持大中小城市和小城镇协调发展，积极稳妥地推进城镇化"，"十二五"规划提出"坚持走中国特色城镇化道路，科学制定城镇化发展规划，促进城镇化健康发展"。这一阶段，城镇化保持了连续19年的高速增长。全国城镇化率从29%提高到51.3%，年均提高1.39个百分点(2000年以后为1.5个百分点)。

以北京市为例，这个时期的北京城镇化进入成熟完善阶段，城镇化率从 73.5% 提高到 86.2%。这一阶段的特征是城市活力增强，城市快速扩张，农村城镇化进程加快。这个时期的城镇化主要依靠大城市辐射带动和农村内生动力合力推进。

（二）以北京市为例的城镇化发展现状

目前北京市已跨过了城镇化快速发展时期，进入高度的、稳定的城镇化阶段，现在已经到了需要创新思考的时候。一方面，过去几十年城镇化的发展取得了巨大成就，为北京未来发展奠定了良好的基础；另一方面，城市病、城乡区域差距过大等内部问题日益突出，影响到发展的可持续性，亟待转型和优化。十八大中央提出以人为本、质量发展的新型城镇化将城镇化提到了新的高度，北京应借此开启改革新起点。此外，中央已经提出了京津冀一体化发展战略，北京作为区域龙头，给未来城镇化带来前所未有的机遇和挑战。

1. 北京市城镇化发展具有独特的历史特色

北京作为中国的首都，其城镇化的发展颇具典型意义。具体来看，北京城镇化发展历程呈以下三个特点。

一是北京城镇化走在全国前列。2013 年，我国城镇化率为 53.73%，全国只有京、津、沪进入了后期完善阶段。北京市统计局最新发布的首都城镇化发展分析报告显示，北京城镇化率达到 86.3%，与高收入国家城镇化水平接近，仅比上海市稍低一点，居全国第二位，且产业结构也与高收入国家基本一致。

价值线数据中心对全国 31 个省级行政区的城镇化率进行排名。我们发现有 18 个省的城镇化率超过 50%，12 个省的城镇化率在

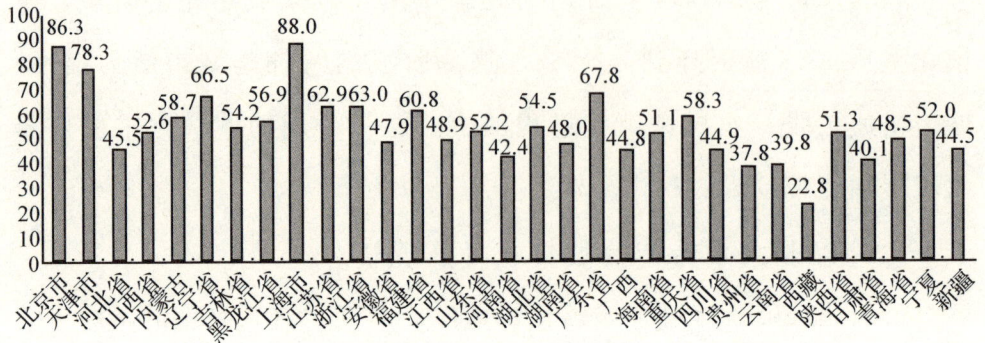

图 2-1　2013 年全国各省城镇化率(％)

35％至 50％之间。其中上海的城镇化率达到 88.02％，排名第一；北京以 86.30％紧随其后；天津以 78.28％排名第三。

二是北京城镇化水平与高收入国家相近，产业结构与高收入国家基本一致。

表 2-1　世界不同收入国家产业结构

国家与地区	农业增加值占国内生产总值比重(％)		工业增加值占国内生产总值比重(％)		服务业增加值占国内生产总值比重(％)	
	2000 年	2010 年	2000 年	2010 年	2000 年	2010 年
北京	2.5	0.9	32.7	24	64.8	75.1
世界	3.6	2.9①	28.9	27.0①	67.5	70.1①
高收入国家	1.9	1.5①	27.7	25.1①	70.5	73.4①
中等收入国家	11.4	9.7	35.5	34.3	53.1	55.9
中等偏上收入国家	9	7.8	36.1	35.3	55	57
中等偏下收入国家	20.1	15.5	33.5	31.3	46.4	52.8
中低收入国家	12.1	10	35.1	34.1	52.8	55.8
低收入国家	33.9	25.7②	20.8	24.4②	45.2	49.9②

注：①2009 年数据；②2008 年数据。数据来源于《世界统计年鉴》。

三是北京农村城镇化水平全面提升。北京市统计局调查总队根据城镇化的概念和内涵，从经济发展、社会发展、人口素质、人民生活、基础设施及环境五个方面，对农村城镇化总体水平进行监测和综合评价。2012年，北京农村城镇化综合实现程度为85.2%，比2006年提高了11.9个百分点。首先从五个子系统看，提升幅度最大的是人民生活子系统；其次是基础设施子系统；最后是社会发展子系统。从监测的17项指标看，农村产业结构、人民生活质量、基础设施和社会保障都达到了较高水平。

表 2-2　2006 年和 2012 年北京农村城镇化综合评价情况

项目	单位	目标值	权重(%)	实际值		实现程度(%)	
				2006 年	2012 年	2006 年	2012 年
农村城镇化综合实现程度	%		100			73.3	85.2
经济发展			15			76.4	78.5
第二、第三产业增加值占比重	%	95	5	98.7	99.2	100.0	100.0
城乡可支配收入比例	—	1.5	10	2.3	2.2	64.7	67.8
社会发展			35			73.5	82.2
小城镇人口密度	人/平方公里	1 000	8	516.3	612.7	51.6	61.3
城镇人口占比重	%	60	8	49.6	52.7	99.2	87.8
非农产业从业人员占比重	%	85	8	79.3	83.5	99.2	98.3
每千人拥有医生数	人	5	3	2.0	1.9	39.2	38.4
养老保险覆盖率	%	100	4	27.5	98.1	27.5	98.1
合作医疗覆盖率	%	100	4	86.0	98.1	86.0	98.1
人口素质			10			86.2	88.3
农民人均受教育年限	年	12	10	10.3	10.6	86.2	88.3
人民生活			20			72.7	96.0
农民人均可支配收入	元	12 000	6	8 158	15 570	68.0	100.0

续表

项目	单位	目标值	权重（%）	实际值		实现程度（%）	
				2006 年	2012 年	2006 年	2012 年
恩格尔系数	%	30	4	32.0	33.2	93.8	90.3
文化、娱乐支出比重	%	10	4		8.9		89.5
家用电脑普及率	%	60	6	40.0	61.6	66.7	100.0
基础设施及环境			20			64.8	82.8
清洁能源使用普及率	%	85	5	64.4	91.7	92.0	100.0
卫生厕所覆盖率	%	85	5	44.5	77.0	52.4	90.6
公路密度	公里/平方公里	1.5	6	1.1	1.2	73.3	79.6
有生活污水收集管网的村比重	%	70	4		39.5		56.5

2. 北京市城镇化发展与众不同的地方

北京作为全国的首都，城镇化发展具有以下三个特点。第一，外来人口推高了城镇化率。据北京市统计局、国家统计局北京调查总队数据显示，2010 至 2014 年，外来人口增加了 114.2 万人，占常住人口增量的 60%。外来人口绝大多数聚集在城乡接合部，并且正逐渐向新城和小城镇扩散。近年来，首都功能核心区和城市功能拓展区外来人口占全市外来人口的比重逐年下降，发展新区比重明显上升。

第二，城镇化推进模式以政府为主导。一是体现在行政区划建制的升级和城镇体系的构建。二是政府通过实施规划推动城镇化进程。三是通过政府主导的大型活动和科技园推进城镇化，像举办亚运会、奥运会，发展中关村一区十六园等，从而带动基础设施建设。四是整建制推进城镇化。北京市政府对 50 个特别村庄实施"一村一

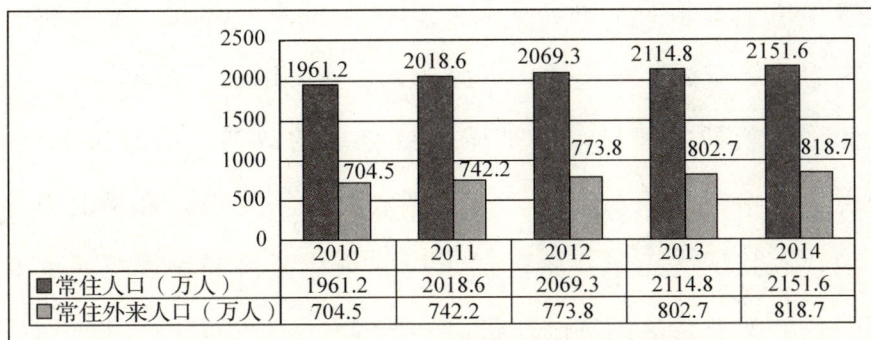

	2010	2011	2012	2013	2014
常住人口（万人）	1961.2	2018.6	2069.3	2114.8	2151.6
常住外来人口（万人）	704.5	742.2	773.8	802.7	818.7

图 2-2　2010－2014 年北京市常住人口构成图

策"的旧村改造方式，大力推进了城乡接合部的城镇化进程。

第三，区域城镇化水平层次明显。从区位特点来看，北京城镇化呈现出受城市中心区辐射的环形多中心发展特征以及小城镇带动的就地城镇化特点。城市功能拓展区以中心城市辐射为主，基本实现城镇化；城市发展新区以新城辐射以及就地城镇化为主，处于城镇化完善阶段；生态涵养发展区以小城镇发展带动为主，实现自主城镇化，目前城镇化率相对较低。

表 2-3　分区域城镇化与产业、就业结构

区 县	城镇人口占比重(%)（2012 年）	产业结构(%)（2012 年）			就业结构(%)（2010 年人口普查长表数据）		
		第一产业	第二产业	第三产业	第一产业	第二产业	第三产业
全市	86.20	0.84	22.70	76.46	5.45	23.64	70.90
首都功能核心区	100.00	0.00	8.03	91.97	0.08	12.23	87.69
城市功能拓展区	99.11	0.06	14.13	85.81	0.48	18.23	81.28
城市发展新区	68.76	2.42	51.18	46.41	9.13	34.44	56.43
生态涵养发展区	61.51	7.70	47.68	44.63	23.40	26.35	50.25

3. 北京市的城镇化发展现状

城市的存在与发展，不是孤立的，必须以周围区域为依托，与附近城市互为支撑。北京高度城镇化背景下的新型城镇化转型要改

变低效率单中心集聚局面，实行更积极的城乡一体化、京津冀一体化，大力建设城镇节点，优化资源配置，向郊区甚至河北拓展空间。

无论是新城的建设，还是城乡接合部的改造、小城镇的建设，甚至像华润希望小镇、晓幼营等新型农村社区建设，都是北京市所独特的，尤其是这几年开始更加重视的京津冀协同发展更是北京市独具特色的新型城镇化建设现状。

1982年的《北京市建设总体规划方案》首次提出"首都圈"是京津冀区域协同发展概念之后，京、津、冀等省市便成立了华北地区经济技术协作组织，该协作区在促进物资协作方面发挥了显著作用。然而，随着政府对企业的控制力减弱，市场主导的区域合作也不能充分发挥作用，区域合作长期陷入低潮。

2004年发改委召开了首次京津冀规划座谈会，京津冀规划编制随后启动。此后类似的论证会议、规划讨论也曾出现，但均昙花一现，一直未有实质性推进。形成僵局的主要原因便是跨省市协调的问题难以解决，例如，区域范围的划分、产业布局和城市功能等。

四、中国未来城镇化趋势

纵观中国新型城镇化道路的发展，十八大报告提出，坚持走中国特色新型工业化、信息化、城镇化、农业现代化道路。到十八届三中全会明确要求，坚持走中国特色新型城镇化道路，随后召开的中央城镇化工作会议进一步强调"走中国特色、科学发展的新型城镇化道路"。再到2014年3月，国务院发布的《国家新型城镇化规划

（2014—2020）》正式出台。"中国特色新型城镇化道路"的内涵不断丰富，要求也愈加明确。但未来的城镇化重点到底如何走向，全国政协副主席、九三学社中央主席韩启德曾说"未来城镇化重点，将是在稳住速度和节奏的同时，更加注重优化结构，更加注重转型发展，更加注重提升质量，走以人为本、合理布局、集约高效、绿色低碳、城乡统筹的发展道路。"韩启德的话，无疑提纲挈领的为中国城镇化未来发展的趋势指明了方向，即以生态文明理念为基础，以发展方式转型为方法，因地制宜地走中国特色城镇化道路。

随着中国经济的发展，城镇化取得了很大成就，但随之而来的则是生态文明的缺失。历史发展把中国推到了城镇化发展的道路上，但城镇化过快发展带来的自然生态、经济生态和社会生态问题日益突出。因此，在新型城镇化发展过程中，如果摆脱对经济模式的过度依赖，将新型城镇化放到自然、经济与社会生态文明和谐共生的系统中考量，成了未来城镇化发展战略的重要取向之一。

受2008年金融危机的影响，我国长期以来建立的以出口导向为基础、以沿海地区为主要载体的工业化和城镇化模式难以持续，同时由于土地财政难以持续、人口红利逐步消退、环境和劳动力成本不断增加、社会公平诉求日益强烈等变化，传统的城镇化发展模式必须做出调整和改变。

第三章 新型城镇化背景下人口问题

　　我国作为世界第一人口大国，人口众多是我国重要的国情之一，过快的人口增长同时也带来了诸多的人口问题，突出表现为就业困难、住房紧张、粮食与燃料等生活必需品短缺、消费与积累比例失调、生态环境严重破坏、全民族的科学文化水平降低等。人口问题是全球最主要的社会问题之一，是当代许多社会问题的核心，虽然它在不同国家的具体表现各异，但其实质主要表现为人口再生产与物质资料再生产的失调，人口增长超过经济增长而出现人口过剩。当前社会生活和发展所遇到的种种问题，无一不直接地或间接地与巨大的人口压力相联系。

　　城镇化是现代工业化发展的必然结果，也是实现现代化发展的必经之路。传统城镇化重视空间体系的城镇化，"人地分离"的发展模式往往容易造成侵害农民权益、加剧人地矛盾、制约农业现代化发展等问题。新型城镇化之于传统城镇化最大的区别在于以人的城镇化为本质与核心，致力于实现农业转移人口市民化。

　　李克强总理多次强调中国"未来几十年最大的发展潜力在城镇化"，2013 年中央经济会议明确指出"城镇化是中国现代化建设的历史任务，也是扩大内需的最大潜力所在，要围绕提高城镇化质量，因势利导、趋利避害，积极引导城镇化健康发展。要构建科学合理的城市格局，大中小城市和小城镇、城市群要科学布局，与区域经济发展和产业布局紧密衔接，与资源环境承载能力相适应。要把有序推进农业转移人口市民化作为重要任务抓实抓好。要把生态文明理念和原则全面融入城镇化全过程，走集约、智能、绿色、低碳的新型城镇化道路"。由此可见，新型城镇化是党和政府在当前经济发展方式转变与社会结构转型时期所推行的改善民生、造福百姓的重大举措，解决人口问题作为其城镇化的核心内容，正是以人为本发展理念的集中体现。

一、解决人口问题的意义

人口问题是我国新型城镇化建设的重点环节和首要因素，如何解决我国人口问题，是未来我国建设好新型城镇化的重中之重。回顾我国过去 60 多年的人口发展历程，我们首先想到的是伴随着人口数量飞速增长的同时，也给我国飞速发展的经济社会带来很多的不利影响。实际上人口问题体现在许多方面，我们必须从多方面来考虑，如人口数量问题、人口质量问题和人口结构问题等。改革开放以来我国经济迅猛增长的同时，也不可避免地忽视了诸如社会公平、政治民主、文化进步以及环境生态的动态平衡等。我们开始意识到单纯的经济增长并不能等同于发展，发展是包括政治、经济、社会、文化和生态五位一体的多方位发展，是要求人与自然和谐共处的可持续发展，这样才能够实现人口与政治、经济、社会、文化和生态的全面可持续发展。

人口问题是我国工业化、现代化发展进程中最需要面对的问题，是坚持走中国特色社会主义道路所必须关注的重要理论问题和实践问题。第六次人口普查基础数据显示，中国人口数量增至 13.39 亿。目前，国内对于人口这个问题的研究成果多数是集中体现在人口数量上，而问题的争论点也在于人口数量的多少以及人口增长速度的快慢上。我国虽然把控制人口数量增长作为当前及今后工作的一项重要任务，但不可否认的是，人口素质和人口结构等方面的问题也相继日益凸显。因此，要坚持走中国特色社会主义道路，就要求我们不仅仅要关注人口的数量变动，更要在大程度上关注人口素质与人口结构的变动。

在我国不遗余力地实现现代化历史进程中，人口问题为其带来了巨大负担，但也应该看到巨大的人口红利也为我国实现经济高速发展和现代化建设提供了强大的驱动力，在新的时代，我们需要用更全新和全面的视角来认识和了解中国的人口问题。在当代，人是推进一个国家向前更好更快发展的实施主体，因此要实现中国特色社会主义现代化建设，实现社会全面协调可持续发展，我们就必须依靠广大人民群众作为建设主体。人口是构成一个国家的最基本要素，是最基本国情。当前，世界各国科学治理国家和改善人民生活需要以掌握准确的人口数量、素质、结构和分布等情况为基础，这其中由人所带来的人口问题则是基础的基础。人口问题被认为是推动社会发展的首要因素，合理有效解决这一问题既关系到中华民族的生死存亡，又对我国社会主义现代化建设产生重大影响。

二、城镇化进程中的人口问题

随着城镇化进程的不断加快，我国已进入了人口城镇化阶段，经济高速增长的同时也带来了一系列人口问题，具体表现如下。

（一）人口基数大

中国是世界上人口最多的发展中国家。中国人口问题，首先是人口数量太大，人口增长过快。

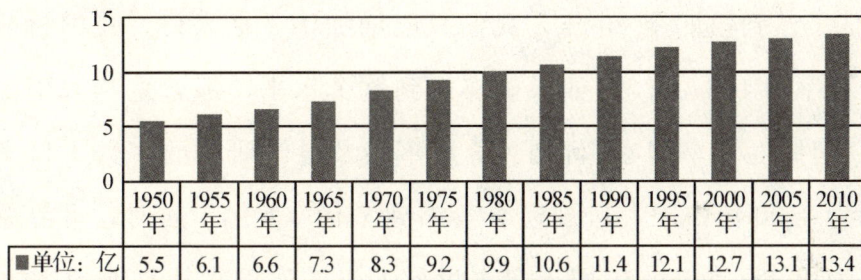

单位：亿	1950年	1955年	1960年	1965年	1970年	1975年	1980年	1985年	1990年	1995年	2000年	2005年	2010年
	5.5	6.1	6.6	7.3	8.3	9.2	9.9	10.6	11.4	12.1	12.7	13.1	13.4

图 3-1　1950 年—2010 年全国总人口数量（国家统计局）

根据第六次全国人口普查公报显示，2011 年全国总人口 13.7 亿人。据中国人民大学社会与人口学院院长翟振武介绍，1992 年，我国人口综合生育率即一对夫妻一生平均生育子女数下降并维持在更替水平（国际标准是 2.1）以下后，人口增速趋缓。由于人口基数大，尽管实行计划生育，但受人口惯性增长的影响，今后十几年，总人口每年仍将净增 800 万左右。21 世纪上半叶，我国将先后迎来总人口、劳动年龄人口和老龄人口三大高峰。"十二五"期间，预计净增人口约 4 000 万，总人口将达 13.9 亿；到 21 世纪 30 年代，人口总量将达到峰值 15 亿。同时，人口分布极不平衡，全国大多数人口聚居在占全国总面积 43％的东南部，乡村人口所占比例较高，城市化水平较低。如此庞大的人口基数和人口数量的快速增长，不但给我国的人口就业、资源、环境以及城市化发展带来了前所未有的负担，同时也给我国经济快速增长造成了很大的制约。

（二）人口增速大幅度萎缩

依据国家统计局数据显示，如图 3-2 所示：1949 年中国人口 5.4 亿，1969 年 8.1 亿，1989 年 11.3 亿，2009 年 13.4 亿。第一个 20 年增加 2.7 亿人口，第二个 20 年增加 3.2 亿，第三个 20 年就只增加 2.1 亿了。到第四个 20 年，我们只能增加 1.2 亿人口。我国目前妇女生育率为 1.3～1.5，如果确实达到这个水平，那就意味着中国已进入"超低生育率国家"行列。尊重事实及科学研究的多数人口学家都认为 2100 年中国人口规模会萎缩到 7 亿～9 亿。届时，世界总人口约为 100 亿左右，中国人口占世界人口的比例将从目前的 20％下降到 7％～9％，如果计生政策持续严格执行，继续恶化，则会降低到 5％左右。联合国在 2010 年对中国未来人口有个预测，他们是在中国第六次人口普查数据之前，基数按照比第六次普查还要高的生育率为初始数据，进行了高中低三种预测：中国人口将继续增长到 2026 年，然后转入负增长，2080 年以后负增长速度有所减缓，但人口缩减会一直持续到 21 世纪末，届时中国人口将会比 2010 年减少 4 亿人，约是 9.41 亿。如果按照低方案，中国人口的增长只会再持续 6 年时间，在 2017 年达到峰值 13.6 亿后迅速下降。其后人口负增长的速度更是不断地加速，预计到 2100 年时中国人口将会减少到 5.1

亿。联合国人口基金2010年10月20日发表的《2010年世界人口状况报告》预测，到2050年，世界人口将超过90亿，人口过亿的国家将增至17个，印度的人口将增至16.14亿，将取代中国成为世界人口第一大国。

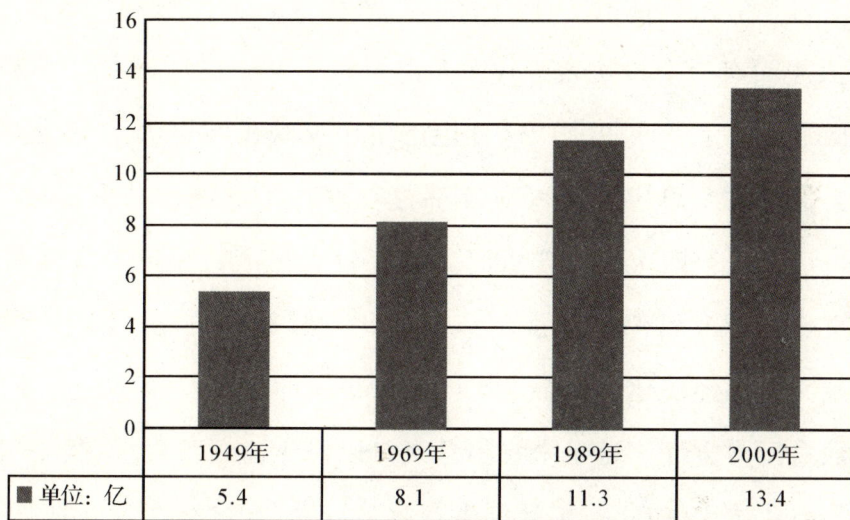

单位：亿	1949年	1969年	1989年	2009年
	5.4	8.1	11.3	13.4

图 3-2   1949 年—2009 年全国人口增长数量(国家统计局)

也许绝大多数人会认为，人口减少是一件好事，这样就会有更多的公共资源和自然资源分配到每个人身上，就业形势会大大好转，"蜗居"现象再也不会出现。但事实上，这样的假设已经没有任何意义，中国所要面对的问题是如何保持经济快速增长的同时，也保持新增人口的稳定增长。从经济学角度看，人的生育本质就是劳动力资源的生产和再生产，所以超低生育率将使我国面临劳动力日益减少的局面，这些年来，中国之所以能取得巨大成就、城市化进程能飞速发展、能成为"世界工厂"，主要是因为有丰富的劳动力资源，超低生育率会使我国的劳动力日益减少，一旦劳动力减少，中国在世界市场上的优势就会逐渐消失，会给我国的经济发展带来极大的负面影响。

（三）总体人口质量低下问题严重

中国早教之父冯德全教授说："我国人口存在着三多：一是文盲多。大约 5 个人里面有 1 个文盲，占两亿多人。二是残疾人多。每 20 个人里面有一个残疾人，残疾人占了六千万。三是智力低下人多。智力低下人占了一两千万。"这种说法集中反映出我国人口身体素质、科学文化素质及思想道德素质等都存在着很大问题。从人口质量总体上来讲，比第四次人口普查时，有了较大提高，无论是身体素质、科学文化素质或思想道德素质都是如此。但是，同发达国家及我国社会主义市场经济建设的要求比，还有很大的差距。

数量压力方面，近年来我国总人口以每年 800 万人左右继续惯性净增。自我国 1981 年实施计划生育政策以来，经过 30 多年的不断努力，我国已步入低生育水平国家，创造了人口有效控制的"中国奇迹"。然而，奇迹的背后，中国的基本国情并没有改变，人口问题依然凸显，同时，人口素质总体水平不高，也依然对经济社会的可持续发展和增强国家竞争力有着重大影响。据中国出生缺陷监测中心数据显示，从 1996 年到 2007 年，全国出生缺陷发生率呈明显上升趋势，每年约有 80 万到 120 万例缺陷儿降生，给家庭和社会带来沉重负担。

我国自计划生育政策推行以来，飞速发展的经济受到全世界瞩目的同时，也较早地进入人口红利期。但这些成绩的取得，我们靠的是庞大的人口数量及劳动力素质普遍低下所带来的廉价劳动力优势，"世界工厂"的光环并不能掩饰我国仍然处在国际产业链低端的尴尬现状，劳动力科学技能水平的普遍低下严重拉低了人口红利对经济增长的巨大贡献。"事实上，一个国家劳动力方面的竞争力不仅取决于劳动力的数量，更取决于劳动者的素质。"就科学文化素质而言，中国社科院在 2009 年 9 月 8 日发布的《人口与劳动绿皮书》中指出，目前我国九年义务教育普及率达到 95％以上，青壮年文盲率下降到 5％以下，高等教育毛入学率达到 21％。但劳动年龄人口人均受教育年限远远低于发达国家。2005 年，美国该指标为 13.63 年，日本为 12.9 年，比我国（8.7 年）高出 5 年左右。中国社科院劳动和人口研究所副所长张车伟说："即使是我国近年来迅速提高的高等教育毛入学率（21％），也与发达国家 50％以上的水平相差较远。"提高人口素质是衡量一个国家经济发展和增强国家实力的重要途径，同时也是衡量一个国家国际竞争力的重要标准。国家人口发展研究战略课题组发布的国家人口发展战略研究报告认为，人口素质难以适应日趋激烈的综合国力竞争，已成为影响我国竞争力和走新型工业化道路的主要因素。

（四）人口老龄化问题日渐严重

自我国 1981 年实施计划生育政策以来，经过 30 多年的不懈努力，我国已步入低生育水平国家，生育率快速下降，稳定低生育水平国家的我们也发现了另一个事实现状：当代中国不仅仅是全世界老年人口最多的国家，而且也是全球老龄化发展速度最快的国家。截至 2013 年年底，我国 60 岁及以上老年人口20 243万人，占总人口的 14.9％。其中，65 岁及以上人口13 161万人，占总人口的 9.7％。

《中国人口老龄化发展趋势预测研究报告》指出，我国人口年龄结构开始进入老龄化阶段，而且还将以较快速度增长，预计到2020年，60岁以上老年人口将达到2.48亿，老龄化水平将达到17.17%。预计到"十二五"期末，全国老年人口将增加4 300多万，达到2.21亿，届时80岁及以上的高龄老人将达到2 400万，65岁以上空巢老人将超过5 100万。同时，由于总人口逐渐实现零增长并开始负增长，人口老龄化将进一步加速，到2050年，老年人口总量将超过4亿，老龄化水平推进到30%以上，其中，80岁及以上老年人口将达到9 448万，占老年人口的21.78%。中国老龄化呈现老龄化加速发展、老年人口基数大、增长快并日益呈现高龄化、空巢化、"未富先老"等特点，老龄化加速发展无疑对我国未来社会抚养比、储蓄率、消费结构及社会保障等产生重大影响，还会加重社会总体负担。

我国现阶段的人口老龄化与其他先期进入人口老龄化的国家相比，具有发展快、人口数量大、空巢化、超前于社会经济发展等特点，这些新特点将给中国国民经济和社会发展带来巨大的挑战。许多发达国家进入老年型国家时人均国民生产总值至少在1万美元左右，而我国进入老年型国家时只有1 000美元左右。我国目前老年人口基本上都是独生子女的父母，生活无法自理的空巢老人将会成倍增加，他们的生活照料、精神慰藉等问题将更加突出，社会总体负担加重。同时也由于农村人口比重大，农村老人数目也大，随着城市化的发展，剩余劳动力向城市迁移，农村老龄化将更为突出。老龄化表现出"两高两大两低"的基本特征，即高速、高龄、基数大、差异大，社区养老水平低、社会养老意识低的现状。与之相应的赡养问题、劳动力人口老化、抚养比升高都将成为必须解决的问题。

(五)出生人口性别比例严重失调

人口出生性别比是指该人口某一时期（通常为一年）内出生的男婴总数与女婴总数的比值，用每100名出生女婴数相对应的出生男婴数表示，它的正常值通常在102~107之间波动。而我国1982年第三次人口普查数据显示，全国出生性别比为108.5，1990年第四次人口普查为111.3，我国出生人口性别比开始高出正常值范围并持续攀升，2012年国家人口计划生育委员会统计，在2008年我国出生人口性别比例甚至达到120.56的最高值。据国家统计局人口统计资料推算，19岁以下年龄段出生性别比严重失衡，每年新进入结婚年龄的人口中，男性比女性多120万。预计10年后，将有2 400万适龄男性将面临娶妻难，成为传统意义上的"光棍"。中国人民大学社会与人口学院院长翟振武忧虑地指出，由于我国出生人口性别比失衡较为严重，会造成严重的婚姻失衡，这对维护社会的稳定和促进社会发展造成了很不利的影响，给社会带来很多诸如跨境非法婚姻、跨境强行拐卖妇女儿童、强迫妇女卖淫等危及社会稳定的问题，形势不容乐观。

在我国劳动力市场发展的初期阶段，随着企业在追求利润最大化动机的驱动下，在企业不断扩大用工自主权的形势下，用工企业对女性在劳动力市场上的劳动供给评价较低，或者有些用工企业干脆歧视女性劳动力。例如，对中国城市劳动力市场进行的调查结果进行分析，显示男女劳动者在就业中获得的工资差异是十分明显的。根据一项计量经济学分析结果，在现存的性别工资差异中，有不到

5%是男女受教育水平以及其他个人特征差异造成的，其余95%以上是由于一些不可解释的因素造成的，而其中最主要的就是性别的歧视。

劳动力市场对女性劳动力的性别歧视，是我国经济社会发展中出生人口性别比严重失衡的根本原因。学术界和政策研究领域普遍认为，出生人口性别比失调的社会经济原因是由于社会保障体系的不健全造成的老人对男孩的依赖。近年来全国都在大力宣传教育，希望民众能转变只有儿子才能养老的传统观念。尽管这种观念的转变取得了很大成效，但却不能从根本上真正解决养老的问题。

当前出生人口性别比例的失调虽然与其养老保障相关，但这并不是由子女哪一方养老的问题造成的，第一，当前社会养老资源严重不足、覆盖率较低，这就导致了父母对子女数量的需求，进而转化为对儿子的需求；第二，劳动力市场上对女性劳动力的性别歧视，更加导致其养老能力的严重不足，从而诱发出对男孩的偏好。因此，要解决这种由于资源不足或能力不足产生的养老危机诱发出的出生人口性别偏好问题，光靠转变"养儿防老"的观念是绝对不能解决问题的。南开大学经济学院人口与发展研究所原新教授说，我国出生人口性别比长期失衡与人口老龄化交织，将加剧人口结构的不合理，未来的社会阶层结构、消费结构、组织结构等都将更由男性所主导，其深远危害不亚于20世纪中叶的人口膨胀。

（六）流动人口管理存在的问题

改革开放以来，我国经济飞速发展、社会地位明显增强，但不可否认的是经济社会飞速发展的同时，城乡之间、地区之间发展不平衡的问题也日益凸显。如流动人口由于长期受到城乡二元体制的制约，他们的身份远远落后于职业的非农化，再加上政府对他们的歧视以及监管体制的缺位，使得他们的公民权得不到有效的保障。由此引起的贫富差距过大、社会保障缺位等现象已经成为社会稳定的隐患。因此，推动社会的多元、公正、透明和民主，打破二元户籍沉疴，谋求更快捷、更有效的方式为民众提供更好的公共服务，不仅是解决当前形势下流动人口治理的有效途径，也是民主政府的明智之举。

加快由"管理型政府"向"服务型政府"转变，不仅是推动我国行政体制改革和顺应世界政府改革潮流的必然要求，也是推动流动人口治理进入良性循环的必然选择。

流动人口进入城市后，受结构性、功能性以及来自经济、政治、文化方面的排斥，长期陷于一种相对孤独的困境，并且由于受到户籍制度限制难以改变，形成社会排斥恶性循环，隐藏着巨大的社会不稳定风险。因此，要从根本上解决流动人口管理问题，必须打破二元户籍制度，建立起体现公平正义的统一标准、统一制度的居住证制度，使之方便于我国由"管理型政府"向"服务型政府"转变。

当前管理我国流动人口面临的困境与挑战如下。

第一，经济和社会发展到一定阶段必然会造成的人口流动的增多。目前我国正于经济飞速发展的重要阶段，这就要求包括劳动力在内的各种生产要素要按照经济规律在产业间和地区间流动，以便在市场配置各种资源的过程中，更好地加快产业升级和产业结构调整，促进社会经济的可持续发展。

近年来，我国人口流动持续加大，流动人口大量涌入城市，对流入地政府的行政和社会公共事务管理将提出严峻的挑战。

第二，当前社会刑事犯罪率逐年增高大都源于流动人口犯罪，从而增加了流入地社区不稳定因素，给社区居民带来了很大的安全隐患，一定程度上也造成了流入地居民对外来人口的误解和敌视、排斥情绪。统计显示，上海市的犯罪案件，72％以上是非本地户籍人口所为；杭州市外来人口犯罪已经突破了90％。究其原因，大多源于城市对于流动人口歧视、社会保障不力等因素。

第三，当前我国流动人口治理也面临很多困境。目前，我国在拓宽流动人口就业、计划生育、子女教育、社会保障等方面做了积极探索研究，对流动人口进行共同管理。诸如北京、上海、深圳等地已经建立起多层次的流动人口综合服务管理机构，在一定范围内更好地保障了流动人口的合法权益。但是却由于二元户籍的制约，流动人口综合服务管理及社会保障工作至今仍由于信息不畅、职责不清等因素的影响，造成各地对流动人口治理机制成效不大。

第四，受制于二元户籍，人口流入地和流出地的政府机关联系不畅，导致流出地和流入地两地政府机关都对流入人口情况不能全面掌握和了解，形成了治理盲区，存在着"各管一段"互不衔接、"共管一段"责任不清的问题。

第五，我国长期存在的二元户籍制度将一部分人屏蔽在分享城市社会资源之外。城市流动人口只要还戴着"农民"的帽子，就无法享受和城市居民同等的待遇。不能公平地分享医疗、教育、就业、社会保障等公共服务及物品，甚至处于被管理、被防范、被歧视的境地。据有关数据显示，农民工养老、失业、医疗、工伤、女职工生育保险的参保率分别只有 33.7％、10.3％、21.6％、31.8％、5.5％，远远低于户籍人口的平均水平。这种与社会平等、社会正义相悖，不仅直接导致"流动人口"难以对其"栖身"的城市产生认同感、归属感，甚至产生一定的抵制管理思想。对于国家、城市乃至整个社会的有序运行产生了诸多不利影响。

第六，由于二元户籍的限制，导致一系列惠民政策法规缺乏规范性、标准性，针对性。难以对流动人口福利保障给予统一、权威的法律支撑。导致了流动人口就业与生活的高风险、高成本、低保障等一系列问题，使他们成为游离于城市主流社会之外的边缘化的群体。

三、新型城镇化进程中的人口问题解决途径

目前中国人口问题已经非常严重，采取正确的解决措施刻不容缓。因此，我们必须综合考虑、总体解决。在控制人口数量的同时，要注意提高人口素质和平衡人口结构。可以说，解决人口问题的根本出路是发展经济，而更为关键的是建立一个行之有效、可操作的运行机制，以保证我国新型城镇化建设又快又好发展。

（一）完善现行计划生育政策

由于生产力发展水平较低，群众的生育观念和生育行为都是传统的生育观念。引起这种生育观念自发转变的社会、经济、文化条件，还没有从根本上出现。新时期人口计划生育工作任重而道远，为保证我国计划生育事业持续健康发展，就要求我们的各级党政领

导干部必须坚决贯彻实施好人口计划生育政策。因而要由国家采取行政、经济、政策、技术等各种措施，推动和引导群众减少生育，降低出生率，控制住人口迅速增长，努力使人口再生产类型转变为低出生率、低死亡率、低自然增长率的生产类型。

坚持"以人为本"和"制度创新"。"以人为本"就是采取转变单纯追求人口数量控制的思路，用科学的方式、综合的决策来保证人口发展战略目标的实现，既保证了人口质量、结构、分布的合理优化，又能保持较低的生育水平。"制度创新"即在工作层面、政策层面、法律层面上形成一个较为协调统一的战略目标制度和政策体系，以便更好地实现稳定的生育率。实施"东稳西降、分层推进"的策略，"东稳西降"是指在稳定低生育水平阶段，当前东部地区生育率下降的余地已经很小，东部地区应采取以稳定生育率为主的战略措施；而中西部地区计划生育工作仍在爬坡，生育水平相对较高，西部则应以继续降低生育率为首要战略。"分层推进"即根据各地群众需要，分层次地推进计划生育服务和管理工作，进而从整体上提高全国计划生育工作水平，以确保早日实现稳定低生育水平的目标。

人口素质的提高逐渐开始对人们的生育意愿产生影响。人们有了更好的文化知识就更容易理解基本国情和基本国策，人们开始深刻意识到自身素质提高有助于自身更好地发展，与此同时他们也更希望自己的子女受到良好教育，如果生的多了无疑就加重了养育成本。这也是为什么城市人口相较于农村人口更容易接受一对夫妇只生一个孩子的政策。也因此，人口素质的提高能从根本上帮助人们改变生育意愿，这就要求我们将教育与人口计划生育政策相结合，大力普及文化教育，以不断提高整体人口素质。

加强人口计划生育宣传教育，不单是只靠传统意义上的固定宣传模式，更要利用好报刊、广播、电视、互联网等主要媒体广泛开展多种多样、灵活生动的宣传形式来宣传人口计划生育方针政策，积极扩大宣传的影响力和覆盖面。同时，更要利用好学校教育资源，将人口和计划生育、生殖健康等内容纳入到中等以上学校相关教学课程内或开设专题讲座等；也要利用好城市社区、农村基层文化场所，来进行宣传教育并开展群众喜闻乐见的文化活动。

(二)稳定低生育水平

2012 年中国政府网发布《国家人口发展"十二五"规划》。规划指出，"十二五"时期，中国坚持计划生育基本国策，稳定低生育水平，将更加注重利益引导，更加注重服务关怀，更加注重宣传倡导，全面加强基层基础工作，突出做好重点地区重点人群的人口计生工作，稳定低生育水平是新时期人口计划生育工作的首要任务。为此必须坚持计划生育基本国策和稳定现行生育政策毫不动摇，坚持以思想政治教育与利益导向相结合的原则，通过对人口计划生育工作体制、机制的不断创新，以及对人口计划生育工作手段和方法的不断改进，综合运用法律、行政、教育、经济等手段推动人口综合治理的长效工作机制，以确保人口计划生育工作机构队伍的稳定。

我国应推行以政府为主、社会补充的人口计划生育利益导向政策，计划生育成绩的取得，是由众多计划生育家庭为其做出的贡献，国家应该优先让这些计划生育家庭分享改革发展的成果，全面推行农村计划生育家庭奖励扶助制度和"少生快富"工程。深入贯彻落实独生子女父母奖励以及计划生育基本技术免费服务制度、同时也要积极探索建立计划生育夫妇年老一次性奖励、独生子女伤残死亡家庭扶助政策等制度，对于计划生育家庭符合社会救助条件的，应通过相应救助制度予以帮助。政府对于计划生育家庭特别是农村独生子女和双女家庭，在其宅基地划分、就业培训、合作医疗、扶贫开发等方面要制定出合理完善的优先优惠政策并严格按照政策规定执行，以确保每一个符合条件的计划生育家庭能够领到奖励扶助金和享受优惠政策。

坚持依法管理，不断加强思想政治教育。通过对国策国情人口形势的分析，结合依法治国理念加强对人口计划生育的法制宣传，积极在全社会倡导科学文明的婚育观念，以促进人们自觉实行人口计划生育政策。

（三）提高人口素质

新中国成立以来，通过党和国家的共同努力，我国人口的素质得到了全面的提高，取得了飞跃性的进步，但作为一个发展中的大国，我国的人口素质和一些发达国家相比，还有很大的差距，只有正确认识这一现状，从我做起，从现在做起，通过全社会的共同努力，真正提高我国的人口素质，适应世界经济和时代潮流发展对于我们的要求，才能使中国真正成为高素质的人力资源大国，才能最终实现共产主义的伟大目标，建立一个强大、繁荣、昌盛、和谐的社会主义国家。

坚持教育优先发展的原则，教育是人才培养的基础，是发展现代科技的基础；教育是提高民族素质的基础，国际经济竞争实质上是科技的竞争、人才的竞争，归根结底是教育的竞争。我国是 13 亿多人口的发展中大国，如果教育发展滞后，低素质的人口就是沉重的负担；如果优先发展教育，就拥有丰富的人力资源。优先加快发展教育是把巨大人口压力转化为人力资源优势的根本途径，对社会和国家具有重要意义。坚持教育优先发展，必须加大教育投入，注重改革和培训体制。深化教育和培训体制改革，积极培养不同层次的人才，使其适应经济、科技社会的发展需要，尤其是对紧缺型人才的培养。把丰富的人力资源转化为人力资源优势。必须把重点放在农村，获取强有力的措施扶持、强化农村职业教育的发展，对边疆贫困县尤其是农业化的职业学校，争取实行免费教育；加大对贫困县或农业化职业学校的硬件设施设备的投入力度，全面改善职业学校的办学条件，扩大办学规模；贫困县的职业学校，应从初中办起，强化教师的配备，适当提高职业学校老师的待遇，鼓励人才向职业学校倾斜，增加职业学校的平均公用经费，增加专业培训经费。

全面推进全民健康。现阶段我国卫生事业发展迅猛，规模空前扩大，服务能力空前提高，但仍然有一些问题存在，如医疗资源总体不足、医疗资源分布不均衡、医疗费用上涨过快、政府投入卫生经费不足。由于这些情况，政府应该加大卫生经费投入，特别是对农村医疗卫生机构的财政投入，保证农村医疗卫生机构的正常运行，确保人民群众的身体健康和生命安全工程。构建全民健康保障制度，从整体上提升人民群众的健康水平。强化政府责任，扩大覆盖范围，针对当前人口的城乡分布、就业状况、收入特点等情况各级政府要进行合理细化的分类，逐步地扩大覆盖范围，直至全面建立覆盖全国全体社会成员的基本医疗保障制度。

加强对出生缺陷干预能力的建设。全面实施出生缺陷干预工程，制订出科学合理的规划及行动计划来提高人口素质。人口计划生育技术服务机构与医疗保健机构要在各自职责范围内密切配合，大力宣传和普及预防出生缺陷科学知识，积极倡导科学婚检，加强对性病和艾滋病防治工作。同时人口计划生育技术服务机构应在全国范围内大力普及婴幼儿抚养和家庭教育的科学知识，开展婴幼儿早期教育。各大医院和医疗保健机构，应极度配合计划生育生殖健康促进计划的实施，加强对适婚人员婚育咨询和指导工作，积极开展婚前和孕前保健、孕产期保健、产前筛查和诊断、产后访视、新生儿疾病筛查和康复等工作。

（四）积极应对我国人口老龄化现状

大力发展经济，增强国家经济承受力，构建符合我国实际情况的养老模式制度是解决我国人口老龄化问题的根本途径。就我国目前国情来看，解决人口老龄化问题应采取国家、社会、个人共同负担的原则。

对于我国目前的人口现状来说，光靠政府供养老年人是完全不可能实现的，公民自身应担负起养老的大部分责任，我们可以将收入合理划分，按照规定比例存入银行，退休后将得到一笔累积下来的养老金，可以用来维持日常的基本生活水平。同时，随着人们保健意识的逐步提高，许多老年人退休后仍有一定劳动能力，国家应对退休年龄重新界定，同时也应鼓励社会各界吸纳老年劳动力，打破他们退休后就要"颐养天年"的陈旧观念，再就业不仅能够维持正常的收入，做出新的贡献，更能让有一技之长的老年人再次感受到社会的认同感和存在感，增加他们的幸福指数。

提倡家庭养老，遵从中华民族尊老、敬老、养老的传统美德。这样不仅能够为社会减轻负担，更可以让老年人能够享受家庭的温暖，不会觉得晚年孤单，真正做到老有所学、老有所长、老有所养、老有所依。

建立和完善符合中国国情的老年社会保障体系，特别是农村地区，应从实际出发，因地制宜，积极稳妥开展，尽可能将所有人员组织起来参加社会保障。坚持以"国家政策引导，农民自我保障为主，集体补助为辅"为保障原则。普通地区，应先从养老保险和医疗保险入手，经济相对落后的贫困地区，要将社会保险与救济救灾工作统一起来进行。

加快建设以社区为中心的养老服务体系，让老年人老有所乐，生活质量有所提高，以创造健康的老龄化环境。这个体系的建设要以满足老年人实际需要为目标，加强对老年人的生活服务、疾病医护、精神慰藉、文化体育、老年参与等硬件和软件的建设。

（五）综合治理出生人口性别比偏高问题

出生人口性别比是衡量一个地区经济状况、社会发展、公民道德、文化教育、医疗保健和人口计生服务能力的综合指标，出生性别比失衡时间过长，比例过高，必将违背性别结构平衡的自然法则，影响经济的可持续发展及社会和谐大局，因此治理出生人口性别比偏高问题至关重要。

第一，要加强生育文化建设。造成出生性别比失衡的根本原因之一是传统生育观念的影响和制约。只有教育广大干部和群众正确认识到性别比平衡的作用，认识到性别偏好是一种错误的、非理性的选择，认识到会给民族和国家造成非常严重的后果，才能在思想上引起重视，在行动上加以抑制和阻止。这就要求增加宣传教育内容的科技含量，加大宣传教育的力度，消除影响树立新生育观的现实因素，消除现实生活中的男女不平等，要在全社会加强对男女平等的宣传和教育，要利用多种手段尤其是法律手段来保障妇女的合法权益，要在各生活领域消除性别歧视，对在家庭生活、生产生活、教育、就业等领域出现的男女不平等现象进行彻底清除。

第二，要修改相关法律法规，加大威慑和打击力度。对于非法鉴定胎儿性别和人工终止妊娠行为的医务人员应加大震慑和打击力度；法律上应增加禁止非医学需要的胎儿性别鉴定和选择性别的人工终止妊娠行为的条款并追究其刑事责任；对于利用职务上的便利，收受或者向他人索取财物为其进行非医学需要的胎儿性别鉴定或选择性别的人工终止妊娠行为的计划生育工作人员或医疗单位医务人员，应依照相关法律规定从重处罚。

清理整顿非法 B 超检查和非法引产，对于现有的 B 超检查和人工终止妊娠登记、孕情检测、孕产过程管理等制度进行重新梳理制定，充分利用现代技术完善、优化人口统计及流动人口的监管，确保出生人口性别统计数据的真实性、科学性、可靠性，杜绝女婴漏报和瞒报现象发生。另外，在网上建立育龄妇女档案系统，对育龄妇女的基本情况，如出生年月、籍贯、丈夫姓名、结婚时间、怀孕次数、生育情况、流引产情况都有详尽的记载，这样更便于掌握育龄妇女的相关信息。计生、卫生、公安、司法等部门联合对非法鉴定胎儿性别和选择终止妊娠行为进行重拳打击，是控制出生人口性别比升高的重要和必要手段，公安部门要严厉打击溺弃、残害、贩卖女婴和拐卖、绑架妇女儿童及虐待生育女婴的妇女等违法犯罪行为，保护妇女儿童的合法权益。

（六）流动人口的管理方式

我们认为政府应该对我国的户籍制度改革及流动人口治理路径进行探讨和研究了。户籍制度的改革涉及具体城市的供给状况及人口承载力，而且还涉及社会人口各方利益博弈困扰。因此，我国一元户籍改革举步维艰，甚至陷于存废的争论当中。进一步改革还需要探索新的途径和方法。在此期间，流动人口的治理工作不能不做，尤须探索一种适宜的政策和技术路径形成一个缓冲时间空间，为进一步改革提供一定的探索空间。

第一，确立政府的公共服务理念和亲民意识，将"人"作为第一位。应该探讨一种有效的治理模式，以谋求公共利益最大化为终极目标，以适应行政"公民本位""公民导向"和"服务理念"的要求，对于当前我国的一元户籍改革和流动人口治理具有一定的启示意义。

就流动人口治理而言，治理主体应该建构一个能够最大效能地为流动人口提供最好公共产品和最优公共服务的治理模式，以保证其实现流动人口公共利益最大化。因此，在流动人口管理中，首先要确立公共服务理念和亲民意识，将"人"作为第一位，立足于满足流动人口为主体或对象社会需求，保护流动人口合法权益为目标。真正做到政府行政权为民所用，情为民所系，利为民所谋。

第二，要完善公共服务体系，建立公共财政体制，强化宏观调控职能，努力实现政府公共服务的制度化、公共化和社会化。政府公共服务在流动人口管理中"应从'运动型服务'转向'制度型服务'，从'歧视型服务'转向'无差别服务'，从'单中心治理模式'转向'政府与社会合作的多中心治理模式'"。

具体实践中应用于破除早已为公民所诟病的二元户籍制度，建立一套有利于全面促进城乡一体化和谐发展、体现社会公正的户籍管理体制和方法，如城乡统一的、公正的户籍制度、就业制度、社保制度、教育制度。促进流动人口与市民的融合、与城市的融合。

第三，强调政府与其他治理主体的合作共治，是一种"共舞的艺术"，而非政府的"单打独斗"。当前，流动人口在城市生活、工作中，由于户籍限制，在城市中既没有话语权，也没有政治权利。即使利益遭受侵犯，也因为缺乏合法的、制度化的利益表达渠道，忍气吞声。为社会稳定留下安全隐患。因此，要从根本上改变当前流动人口的治理难题，必须发挥政府的主导作用，通过种种途径建立起流动人口自组织管理机制，使流动人口通过社会自我组织、自我管理、自我整合，形成多元化的组织体系与政治参与渠道，构成对政府进行监督和制约的力量；建立一个有别于国家行政体制的、自主的活动领域，促成相互联系、相互依存的和谐秩序。

第四，实施统一标准与统一制度的"居住证"制度。通过对新的管理方法和技术的重塑和对传统管理方式和流程的整合，提高政府的办事效率和透明度，促使更多的社会组织和个人参与公共服务，更好地促进公共服务的社会化。目前，我国一些城市借鉴发达国家

"绿卡"制度，尝试实施的"居住证"制度不仅在思路上为我们深化流动人口管理、推动公共服务均等化提供了一些经验，而且在具体操作的技术层面也获得了一定的进展。试点城市的居住证信息登记，可以全面反映流动人口个人的基本信息(如年龄、性别、文化程度、职业、就业单位、就业地点、居住地、婚育状况、户籍地、留居时间等基本情况)及其变化。从而城市公共服务和管理机关对流动人口的信息得以全面掌控，且便于和流动人口户籍所在地保持及时沟通。但由于缺乏统一标准、统一制度的，我国各地的居住证制度千差万别。虽然很多地区设计居住证的初衷是给予居住证持有人享有和本地户籍一样的权利待遇，包括社会保险、计划生育、资格评定、享受职业技能培训和公共就业服务、义务教育等。但实施中由于受到各种条件的限制，居住证的功能还仅仅停留在方便政府管理。服务外来人口的功能并不突出或者没有到位。如涉及流动人口子女的就学、考试以及商务出境纯属吸引眼球，至今不能落实。因此，居住证制度真正要做到服务公民，必须建立统一的标准与制度。使之有法可依，有标准可以参照。具体实施中我们可以借鉴西方有些发达国家的"社会安全号码"制度，来完善、扩展居住证制度。

第五，建立纵向良性互动、横向分工合理的科学行政架构。要还政于民，引导公民自愿参与积极合作，赋予公民更多机会和权利参与政府公共政策活动过程的同时，也可以有效保障公共政策对于公共性的维护，实现公共利益最大化的根本要求。

流动人口之所以难以管理，其根本原因在于受制于二元户籍，导致流出地和流入地两地政府机关都对流入人口情况不能全面掌握和了解。形成了治理盲区，存在着"各管一段"互不衔接、"共管一段"责任不清的问题。因此，在一元化户籍制度框架下，建立纵向良性互动、横向分工合理的科学行政架构是流动人口治理的最佳途径和基本条件。也就是以重构组织机构为依托，建立统一、权威的流动人口管理组织机构，真正做到流动人口管理的全方位、广覆盖、多层次。各级政府要整合部门流动人口管理资源，建立起统一、权威、全方位、覆盖广的流动人口综合管理组织机构。

第六，完善流动人口管理与服务的政府职能。根据居住证的相关信息，建立和完善与流动人口相关的教育、就业、住房、卫生、社会保障等政策法规体系，能够更好地将流动人口管理纳入法制化、规范化轨道。同时在国家流动人口管理与服务法规的指导下，各地政府及相关部门也应结合本地区本部门实际情况制定相应的实施细则及配套地方性法律法规。这些法律法规的制定是对管理者与管理对象双方行为的制约，管理者根据这些规定依法执法、准确执法、人性执法。被管理者也能够根据这些规定明确自己的法律责任与应有的权益，做到自律与规范，并且能够在受到伤害时依法维护自己的合理权益。

第七，应充分发挥群众性自律自助组织的自我管理、自我教育，职能部门充分发挥在流动人口管理与服务中的主导作用，积极推进流动人口自发组织建设，有效的弥补政府管理的不足，从而更好地促进流动人口的自我管理、自我教育以及自我服务。实践表明，这种管理模式对于开放性大、流动性强、涉及面广、影响力大的流动人口管理和服务作用明显，值得进一步探索、完善与推广。

第四章 新型城镇化进程中基础设施建设

　　全面建设小康社会，最艰巨最繁重的任务在农村，建设社会主义新农村也是我国现代化进程中的重大历史任务，在推进新型城镇化进程中，积极探讨可持续发展模式，把建设"物的新农村"和建设"人的新农村"结合起来，加速推进以人为核心的新型城镇化建设，加快推进城乡一体化，构建社会主义和谐社会。

　　"农业弱、农民苦、农村穷"一直是影响及制约我国经济社会发展的突出问题，人口多，底子薄，耕地少，人均资源相对不足，经济社会发展不平衡是我国的国情。在我国长期以来存在的城乡二元经济社会结构下，城市基础设施建设由国家财政资金全额拨款，而农村则需要村集体和农户自行建设，国家仅予适当补助，导致了城乡经济社会发展失衡，要打破这种不均衡发展的现状，迫切需要大力发展农村经济，不断扩大市场内需，建设社会主义新农村，推动城乡一体化发展，才能保障我国人民共享经济社会发展成果，促进国民经济持续稳定发展。所以，农村基础设施建设是推动城乡一体化发展的基础和关键。如何寻求一条有效发展农村基础设施建设的道路，已经成为社会、经济学者较为重视的课题之一。

　　新型城镇化作为科学促进城市化的有效途径，其建设目标是推动全国范围内的城市化建设。而城市化是基于经济和社会的高水平发展的基础上，使整个国家区域内实现城市型的基础设施建设和公共服务的均等化。促进新型城镇化的进程需优化城镇的基础设施建设，对城市型的居住社区及商服网点包括公共交通和教、科、文、卫、体以及社保和应急救援等各类基础设施进行普及建设，并于规划节点中有效地开展城市型的服务，使各类城市型的基本公共服务的设施配置完善，并促使城镇和农村尽快形成新型城镇化综合性配套设施。虽然新型城镇化举措在一定程度上加快了我国农村的基础设施建设步伐，但是财政资金不足等问题制约了农村基础设施建设的发展。由于政策体制与市场化的发育度不同城市有一定差距，农村基础设施建设无法使用大中城市在基础设施建设中使用的传统方式。基于新型城镇化建设的背景，本章通过分析目前新型城镇化进程中的农村基础设施建设的现状和问题，提出新型城镇化的背景下探索适合我国农村发展和有农村特色的建设基础设施的创新发展道路，总结探讨推进新型城镇化背景下农村基础设施建设的策略，对推进新型城镇化建设有重大意义。

　　城乡的基础设施建设是城乡互动的联系纽带，是城乡要素流动的载体，在城乡一体化发展中起着基础性作用，也是关键性作用。但现实是城乡基础设施尤其是农村基础设施建设状况并不乐观，短缺的城乡基础设施已然严重阻碍了城乡经济和社会健康发展，基础设施供需矛盾的客观存在，已成为影响新型城镇化发展的重要因素。因此，加强城乡基础设施建设，加强农村基础设施建设成为了重中之重。可以说近些年由于国家及地方政策的支持与资本市场不断地发展，新型城镇化的基础设施建设焕发出勃勃生机。从中央到地方，均将新型城镇化建设作为重要的大事来抓，2013 年，中央预算内投资用于农业农村的比重达到了 50.6%，投资总量超过 2 200 亿元。这些资金完成了 1.5 万座小型水库的除险加固，解决了农村 6 300 多万人的饮水安全，新建改建了农村公路 21 万公里、农村电网线路 21.1 万公里，改造农村危房 266 万户。中央非常重视城镇基础设施建设工作，但是在推进新型城镇化进程中遇到很多困难和问题，如配套资金不足问题、大中城市进行基础设施建设中传统的有效的经验不适用于农村建设的问题等，在推动新型城镇化建设过程中，如何统筹城乡发展，构建新型的城乡关系，探索农村基础设施建设的有效途径，成为一个新的关注热点。

一、农村基础设施建设现状

基于新型城镇化建设背景，目前我国农村基础设施建设的现状，具体体现在以下几个方面。

（一）供给不足和重复建设

农村基础设施存在严重不足问题，而且还欠缺协调性，有较为严重的重复建设与资源浪费等各类问题。同城镇毗邻的道路同基础设施缺乏沟通共享，有各自为政和互不衔接的问题，不但使基础设施处于低水平应用，而且存在十分不合理地进行重复建设的情况，虽然很多地区的农村是较为密集的，但是也有些为带状发展，各农村间只有几公里远，甚至有些已经连成了一片，可因为受行政区划及管理机制的约束，导致农村的规划建设都是各人自扫门前雪，各自为政居多，使基础设施未能得到高效使用，多在低水平情况下进行重复的建设，无法形成规模，农村基础设施运行的效益很差，而且资源与资金的利用率很低，并因此导致基础设施在建设上出现巨大浪费的现象。

(二)农村公共服务的等级体系不够分明

各中心城市的公共服务基础设施相对而言比较齐全，而且水平比较高，可其能够辐射和影响的范围较为有限，不能覆盖至城区外的各乡镇农村。也就是说，除了中心城市外，其余地方的城镇化水平依然是处在缓慢发展的时期，而农村人口的规模和经济发展的总体水平，包括公共服务的水平同城市比较都有很大差距，农村公共服务设施的缺乏问题明显。我国农村发展的水平与服务的设施配置上存在比例严重失调问题。

(三)人口就业与城镇规模的等级没有实现一体化

农村的基础设施建设和人口数量及当地产业发展的水平，包括人口的密度等各类因素之间都具有密切的关联。农村产业基础相对城市而言较为薄弱，而且结构不够合理。大部分农村的优势并未有效转化成产业的优势；而且也可说明劳动力的资源潜力并未得到充分的挖掘和开发。而且通常来说，农村中的骨干企业较少，大都难以围绕骨干企业建立起相对比较完整的产业链与集群。农村产业的发展不够充分，无法有力吸纳劳动力，而且在吸引人口就业、提高居民收入等方面贡献率也相对较低，直接导致产业和城市的分离现象，影响了新型城镇化的发展和进程。

（四）农村的基础设施落后

农村的基础设施相对落后，且空间结构不够合理，公共服务设施同服务的需求不协调。经查阅资料和实地考察了解到，目前农村的医疗、教育以及文体等各类公共服务设施存量相对比较少，而且分布不够均衡。

面临的问题可概括为如下几个方面：第一，公共服务设施供给不足。一般表现在医疗、教育和体育设施方面，其总用地面积与人均占有建筑面积不够充足，通常文娱设施是严重缺失的，因此公共服务基础设施总量在农村严重欠缺。第二，基层的医疗设施在配置方面欠缺核心。经对农村整体的医疗设施配置了解可知，除中心城与乡镇医院被当作农村的医疗设施中心之外，农村的医疗设施在配置上都多是卫生室或者卫生所，而且医疗水准普遍较低，医疗设施欠缺必要的核心内容。而且农村医疗专业性设施的配置十分欠缺，也大幅削弱了农村民众公平享有优质医疗服务的权利，对农村的医疗设施体系建设及完善形成巨大的阻碍。第三，城乡教育设施的数量、质量以及普及性等方面都存在较大差异。近些年来因为农村的部分学校被撤或合并，导致农村地区学校的数量锐减，而村镇教育的设施服务通常半径很大，有些学生因为上学距离太远、无法克服困难而辍学。城市教育的设施种类比较多，能供民众选择的面也相对比较宽，因此相对来说农村的教育设施选择性比较差。第四，文体设施的配置欠缺。经调查比较文娱设施及体育设施的配置可知，此类设施的配置在农村中是严重不足的，两类设施在村庄中具备的比例只有 24％和 30％，而且通常规模很小，且档次比较低。第五，城市的交通和基础性设施服务在覆盖方面不够全面。经查阅有关资料和实地调研可知，有些农村地区在自来水、燃气及集中供热方面覆盖率偏低，大部分地区甚至并未普及，处于缺失状态，汽车等交通综合服务中心也严重欠缺。第六，商业服务的设施在农村地区主体比较单一且规模均比较小，分布也不够均匀，商品的市场发育度极低，而且辐射的范围比较小。

（五）基础设施节点之间联系不畅

经对城市公共服务的设施配置现有状况做研究调查后，发现其配置的现状大都是按行政属性的"街道—镇—行政村"等三级模式进行配置，但农村公共服务设施节点比较少，而且服务的半径较大，多样性不足，导致农民因为接受服务的距离太长、并不方便而难以享受。有些乡村的人口密度比较小，使得设施服务的半径同人口数量上矛盾突出，空间分布的不均衡也是产生矛盾的主要原因。目前的城区与农村的服务设施因为被关注程度与财政条件的原因，它们的数量与标准都有较大差异，很难实现公共服务的资源均等。根据现在的情况看，多数的农村居民并未真正享受到比较完善健全的基本公共服务，可能对社会的稳定产生不利影响，亟待将农村公共服务设施体系做优化处理，并合理配置农村公共服务设施，使城乡基本公共服务得以均等，推进社会发展，保持社会的和谐与稳定。

二、农村基础设施建设过程中存在的问题

农村基础设施是指为农村社会生产和农民生活提供公共服务的

物质工程设施，是用于保证农村地区社会经济活动正常进行的公共服务系统。它是农村社会赖以生存发展的基础条件。农村基础设施一般包括：交通设施、农田水利设施、饮水设施、电力设施、通信设施、基础教育设施、医疗卫生设施、农村文化设施等。基础设施建设是社会生产力发展的重要标志之一，也是经济可持续发展的基础。

经过多年建设和发展，我国农村的基础设施建设水平得到了明显提高，但大多数农村的基础设施建设仍比较落后，其承载经济发展与居民生活的效能不足，而且规划和建设方面的整体水平偏低，严重影响农村经济的发展。

基础设施建设投资大，建设和收益周期较长，且设施有较为明显的公共属性和外部经济性的特点。在农村实施基础设施建设还有其独特特征。具体来说，存在如下几点问题。

（一）法律法规较少、投资环境复杂

我国关于农村基础设施建设的法律法规较少，现有的制度实际操作性较差，其主要表现：政府的角色还没有从社会控制者转换为发展的监管者和协调者，农村基础设施建设没有法律法规保障，存在法制观念薄弱、民主程度不够、决策责任难追究以及监督不力等问题，中央政府与地方政府之间，地方各级之间的政府事权、财权表现出结构性扭曲的现状。

农村基础设施建设缺少法律法规保障，一方面，造成了建设资金供给的不稳定，另外还加大了政府提供公共产品的成本；另一方面，由于财政支农资金渠道来自不同部门，管理方式各有不同，在使用管理过程中有分散现象，缺乏长远规划与资金转移的稳定性，影响了支农资金的使用效益和政策效应的发挥。为了加强我国农村基础设施建设，2008年2月国务院出台了《国务院农村综合改革工作组、财政部、农业部关于开展村级公益事业建设一事一议财政奖补试点工作的通知》，该通知充分发挥了政府投资的导向作用，取得了一定的成效。在执行过程中，也出现了一些问题，如转移支付在多层政府间传递时存在"漏斗效应"，这直接导致预算内的公共产品支出严重不足；地方政府的预算内支出结构和预算外支出结构不同，大部分留存在本级地方政府的预算外收入，其支出方向更多倾向于行政开支和基本建设开支，而非公共产品的供给。民间资本参与农村基础设施建设缺乏操作性强的法律法规制度支持与保障。民间资本投资基础设施建设没有形成一个安全自由的发展环境，虽然国家颁布的一些政策，对民间投资的增长起到了较大的推动作用，但是这些政策本身不够完善，在执行层面，使得民间资本投资使用效能低下。

（二）资金投入不够、投融资主体单一

城乡建设资金投入比例失调、来源单一，还是一个较为原始的、效率低的、计划色彩浓厚的融资体系，主要以中央政府为主体，缺乏有效的金融支持，没有形成一个市场化的、民营主导的融资框架。基层政府投入不足，农村基础设施建设投资水平低，区域发展不平衡，农村的基础设施普遍存在年久失修、功能老化、更新改造缓慢。目前农村一些主要的公共基础设施项目建好后由于产权单位不在当地，而地方政府又缺乏管护费用和长效管理机制。同时，属于村里

的一部分公共设施和村容村貌的日常维护管理也缺少相应的长效机制。

（三）政策支持不够

政策支持不够、体制不顺、机制不活是造成农村基础设施建设投入不足的主要问题。按国家有关规定，我国地方政府不可作为独立主体从银行进行融资和为他方提供担保。而大中城市都是地方政府和有关部门经财政拨款或者注入土地及股权，以及国债等类的资产，来实施政府的投资项目的融资功能。现行的政策和体制并不利于农村基础设施建设融资。目前的农村基础设施建设所面临最明显的难题依旧是资金来源欠缺和融资渠道狭窄。各种社会资金与民间资本极少能参与进来，而由于地方财力的影响，能用于基础设施建设的配套资金非常有限。城镇的基础设施在投资能力上明显不足是阻碍新型城镇化发展的瓶颈问题。城镇的基础设施在建设时仍主要依赖地方的财政投入，除个别地区外，大多数城镇财政并未有效建立，大都并非一级完全的独立财政，其预算内的收入均需上缴到县市。

（四）地方资金不配套

资金问题主要表现在中央支农资金中地方配套资金的筹集和民间资本利用两方面。基层政府配套资金方面，在经济发展放缓的情况下，中央转移支付的地方配套资金难以筹措。在合理利用民间资本方面，目前我国农村基础设施建设的提供与生产主体基本上由政府承担，民间资本很少能参与到农村基础设施建设中来。

由于我国大多数的农村自身发展落后，阻碍了市场机制的发育，尽管基础设施建设资金短缺，但是社会闲散资金充足，从市场准入政策方面看，民间资本投资缺乏公平合理、规范安全的政策保障，缺乏政府政策引导和社会化服务支持。虽然近几年来中央政府加大了财政投入力度，但建设需求和资金方面的矛盾仍然十分突出。建立多元化基础设施建设融资渠道，基本还停留在文本上，离进入实际操作层面还有很大的距离。

（五）基础设施建设层次低

目前农村基础设施建设中，多数县乡公路畅通，农田水利工程有很大的改善，教育、电力、通信、医疗等方面取得了很大的成绩，但是在文化娱乐、农村环境卫生等方面供给严重不足。农村卫生基础设施条件很差，缺乏环境理念，政府和农民对于环境基础设施建设的重要性认识不足。各级政府为了发展地方经济，一度轻视了工业发展带来的污染问题，而农民由于长期生活在污染日益加重的环境下，潜意识认为农村脏乱差状况本来就这样。在这种情形下，政府如果再不重视农村环境基础设施的建设和维护，势必进一步拉大城乡差距，加剧农村环境恶化。

（六）基础设施建设运作方式不健康

目前我国农村基础设施建设由基层政府主导，政府直接参与经济活动，重建设、轻经营，重形象、轻管理，在财政体制上统收统支，资金高度集中。支出大包大揽，不论大小项目，都必须按计划本子执行，即使实际情况发生变化，经费追加或调整都必须经过计划的调整，周期较长。一方面，城市建设项目过分依赖财政的投资，基层政府能投入到基础设施建设中的资金与当地的经济发展水平紧密相关；另一方面，财政投下去的资金又没人监管，用款单位资金投资效益较差，没有形成可以进行资本流动的循环投资的体制，阻碍了市场体系的培育和发展。

（七）基础设施建设中农民的主体地位被忽视

近年来，在党和国家惠农政策的强力推动下，农村基础设施建设得以快速发展，农村经济社会发展格局日益创新，农村劳动力结构也不断变化，农业机械化在基础设施建设当中的功能发挥也越来越大，但农民群众直接参加基础设施建设的生动场面相对少了，参与基础设施建设的热情降温，而且在对待基础设施建设的观念也悄然发生了变化，因此，国家应下决心加强农村基础设施建设，改善新农村建设的物质条件。调整国家建设资金的投向和结构，由以城市建设为主转向更多地支持农村基础设施建设，为农业发展创造有利的环境和条件。

三、农村基础设施建设发展对策

建设社会主义新农村，加强农村基础设施建设，尽快改变农村基础设施落后的状况，改善农村生产生活条件和整体面貌，是广大农民群众的迫切要求，坚持统筹城乡经济社会发展，加快建立有利于促进农业农村更快发展的投入机制，不断加大对农业农村的投入，多渠道增加对农村的投入，把国家建设资金的投入更多地转向农村，扩大公共财政覆盖农村的范围，增强农村经济发展活力，逐步形成新农村建设稳定的资金来源。

加强村庄规划和环境治理，增强农民群众的生态意识、环保意识、可持续发展意识，推动农村人居环境和生产生活条件的改善，加快建立有利于促进改变城乡二元结构的发展机制，促进现代农业发展，逐步建立合理、稳定和有效的农村基础设施建设环境，走生产发展、生活富裕、生态良好的文明发展之路。

（一）加强制度建设

制定农村基础设施建设法律法规，是深入开展农村基础设施建设的内在要求，通过不断的实践做基础，通过实践来不断加以修正、补充、完善和创新农村基础设施建设法律法规。深化与农村经济发展水平相适应的多种形式的综合改革，通过法制化途径使农村基础设施建设获得稳定的制度性保障，建立灵活有效的中央对贫困农村地区的帮扶机制，支持地方经济发展。

（二）财政性建设资金部分要向农村倾斜

第一，政府应研究建立对农村投资的稳定增长机制，扩大对农村基础设施投资范围，带动社会投资，优化财政支出结构。基层政府应配合国家实施的积极财政政策和扩大内需要求，重点加大对农村基础设施建设的投入，加大对民生工程、基础设施、生态环境建设等项目和新农村建设的信贷支持。就基础设施建设而言，政府是责无旁贷的提供者，应该发挥主导作用，这也符合国际经验的普遍做法。

第二，投资农村基础设施，需要特别强调的是应引入市场机制，探索产业资本和金融资本的融合，加大多种投资力度，开拓市场化的筹融资渠道，优化投资结构，合理配置资金。提高农村基础设施建设项目投资效率，要突出重点、择优扶持，严格规范投资管理，以提高农村基础设施投资效率。

同时，为保证农村基础设施能够持续利用，投资农村基础设施应该引入竞争机制，推行市场化管理，经营性基础设施的建设和运营实行特许经营制度，确保其使用效率，延长使用年限。

第三，政府支持的农村基础设施项目应在投资计划中专门列支农民报酬，将工程建设与农民增收结合起来，让广大农民群众参与到项目建设中来，确保农民得到实惠，同时有利于农民群众行使民主决策和监督管理的权利。

(三)发挥城市对农村的带动作用

充分发挥城市对农村的带动作用，促进城乡协调发展。改革开放以来，城市经济实力和财力大为增强，基础设施建设有很大改善，城市面貌日新月异。政府应更多地关注和支持农村，把基础设施建设重点转向农村，增强城市对农村的辐射和带动，形成城市与农村协调发展、共同繁荣的局面。

(四)从商业银行贷款融资支持农村基础设施建设

城镇基础设施建设项目从银行贷款实现融资大都是来源于国内的商业银行及政策性的银行贷款，由于城镇的基础设施是有着一定垄断性的，很多银行从风险视角出发，更加偏向对收益比较稳定且风险小、安全性比较高的基础设施类项目发放贷款。可新型城镇化发展过程中，很多传统银行的贷款融资同样面临着很多问题，因为基础设施建设需要庞大的资金量，而且回收的期限比较长，银行追求安全性及营利性和资金的流动性，基于使以上三类倾向性统一的原则指导，银行信贷的资金来源同基础设施的建设资金需要难以完全匹配起来，且商业银行的贷款融资在成本上偏高，一定程度上制约了基础设施建设与发展在资金上的供给。此外受经济周期的下行趋势与宏观经济及金融政策的作用，我国银监会对商业银行提出要求，要求其对地方政府的融资平台的贷款实施分类的管理，并实行总量控制来保证贷款的余额只下降不上升。由政府主导、财政支持，以银行信贷为主的传统的基础设施建设在融资模式上已经面临越来越严峻的压力与挑战。

（五）创新投入机制、鼓励社会资金融入农村基础设施建设

经济学家巴曙松建议一方面，通过出让特许经营权吸引民营资本，由民营企业出资修建，国家拥有基础设施所有权，企业拥有一定时限的经营权；另一方面，吸引长期收益的资金投入。政府应创新投资机制，明确农村基础设施建设项目的公共属性，将经营性项目和公益项目分开，公益项目以政府投资为主，经营性项目根据"谁投资，谁所有，谁经营，谁受益"的原则，允许民间资本参与农村基础设施建设，民间资本可以通过招标等方式获得工程的所有权或经营权，进行综合开发，建立全社会参与的激励机制，鼓励社会资本投资农村基础设施建设，努力营造全社会关心、支持、参与农村基础设施建设的浓厚氛围。

（六）充分发挥社会各方面作用

大力发展农村经济，增强村级自我发展能力，确定农村基础设施建设主体农民的地位。在社会主义新农村建设过程中，国家的投入是必要的，但是农村基础设施建设的主体是农民群众，基础设施建设应尊重群众的首创精神和主体地位，进一步调动群众参与基础设施建设的积极性、主动性和创造性，激发农民群众的参与热情。通过深入开展水利秋冬修、改造完善农田水利基础设施以及防汛抗旱等群众参与度高的活动，发挥群众的聪明才智，为基础设施建设的健康发展夯实群众基础。发挥社会力量在基础设施建设中的积极作用，保护和鼓励农村农民专业合作社、农业发展生产经营公司、农业建设项目等各种新兴农业发展和创新载体在基础设施建设中发挥引领作用，采取吸纳社会资金和引导投资投劳等各种形式，让基础设施建设在更高、更新的层面实现社会化。只有尝试国家、集体、个人和社会力量多层面投入基础设施建设，形成利益和风险共担的综合模式，引入基础设施建设项目运作经营理念，最大限度地保障农民群众的利益，让农村基础设施建设得到快速和高效发展。

四、农村基础设施建设目标

新型城镇化建设应坚持新型的工业化和农业的现代化，并同新型城镇化进行协调发展，有效提升城乡居民的生活水准、缩小城乡之间的差距，使城乡一体化得以实现，推动全域城市化。依靠科学手段来发展，做好建设前期规划工作，促进城乡规划的一体化，努力促进产业发展一体化，力争使市场体制与基础设施均达到一体化，最终达到公共服务、管理机制也实现一体化，从而推动地区的工业与对外的专业服务业也向着产业园集中发展。持续累积、总结各种经验，渐渐理顺和推动整个农村的发展体制与机制，提升地区的产业经济实力，完善各类基本公共服务的设施配置，让城市和农村尽快形成综合性的配套。

新型城镇化背景使我国农村基础设施的建设步伐得到加快，因政策体制与市场化的发育度均同城市有一定差距，农村的基础设施建设无法使用大中城市在基础设施建设中使用的传统方式。对财政实力较弱且基础设施建设资金困难的农村而言，基础设施由于其纯公共的物品特性与准公共的物品特性并不具备收费的机制或者经营方面的收入，无法弥补其运营的成本，而基础设施建设的融资渠道也不足，基于新型城镇化的发展政策背景，迫切需要对农村基础设施建设发展的路径和方向做理论与实践方面的大胆创新。而创新发展就要创建出多样融资的平台，吸引社会与民间的资本参加到农村的基础设施建设中，并逐步设立政府引导和市场运作以及多元投资和共同开发农村基础设施建设的资金筹措模式。在农村公共设施的建设策略方面，要探索有效体制机制的保障、建立政府的绩效考核制度、强调规划体系建设，通过鼓励投资主体多元化，管理运作市场化、民营化，完善农村金融服务体系，为基础设施建设提供信贷服务，强化以农民为主体意识和制度安排，调动农民的积极性，才能有效解决存在的问题，切实保障农村基础服务设施得到有效配置，推动农村基础设施建设健康发展。

第五章 新型城镇化建设中环境资源问题

　　我国目前正处于城镇化快速发展的时期，城镇化总体进程明显加快，全国城镇化建设取得了显著成效。随着城镇化的加速发展，人口快速向城镇集中，经济社会活动流动性、复杂性加大，由此带来城镇环境更加脆弱敏感、环境安全问题更加复杂多样。2013 年 3 月 12 日发布的《中国城镇化质量报告》显示，截至 2012 年年底，我国城镇人口达到 7.12 亿，人口城镇化率提高到 52.57%，比较发达国家 70% 以上的水平，仍有很大的发展空间，但对比发达国家的城镇化发展而言，我国在空气污染物、单位增加值能耗、水耗以及垃圾减量化、资源化、无害化水平、人均公园绿地数量和质量等方面还有较大差距。

　　环保专家指出，城镇化的高速推进对于正处于工业化中后期和城镇化加速发展阶段的中国来说，无疑在发展的同时也为中国带来了较为严重的环境问题，目前全国上下有很多地区为了谋求发展而忽略了发展过程中污染排放量已严重超过环境的承载量，甚至更有个别地区的生态环境质量向后倒退了几十年，尤其是以重化工业为主的产业结构，对资源环境造成的污染还在持续加大。近年来，我国空气质量逐年下降，频繁出现了江河流域重金属污染、大气雾霾污染等环境安全事件，2013 年以来，雾霾天气更是频繁出现（图 5-1），这些环境问题严重影响了居民的正常生活，受到社会的普遍关注。环境资源正影响并约束着城镇化发展，城镇化建设为稀缺的环境资源创造了价值，环境资源在城镇化建设中的稀缺性，必然导致环境资源的利益分配成为社会关注的重点。

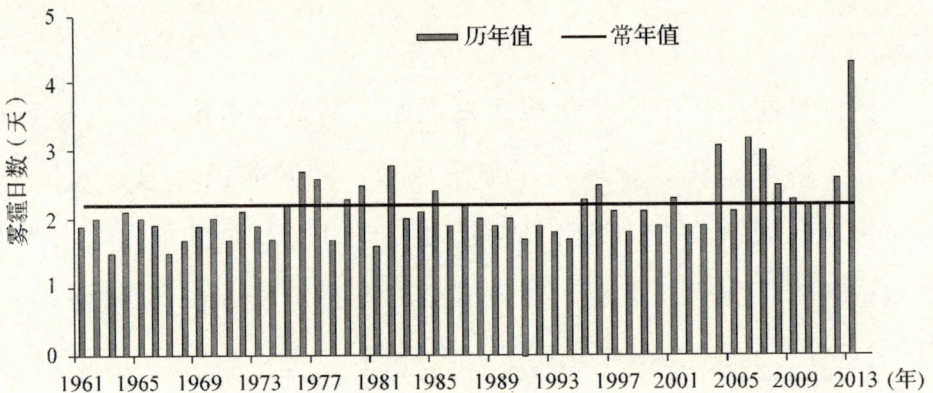

图 5-1　1961－2013 年 10 月全国月平均雾霾日数变化（中国气象局）

我们审慎思考城镇化进程中凸显的环境资源问题，究其原因，主要是在城镇化建设过程中，生态文明理念的缺失，产业结构合理调控的缺失，资源价格管理机制的缺失。党的十八大把生态文明建设纳入了社会主义现代化建设总体布局，2014 年 3 月 16 日中共中央国务院正式印发了《国家新型城镇化规划（2014－2020 年）》，这一规划的发布，对于我国全面建成小康社会，加快推进社会主义现代化建设具有重大而深远的现实和历史意义，同时也为我国建设资源节约型和环境友好型社会指明了发展方向。想要解除发展过程中所带来的环境破坏，破解资源制约，必须要把建设生态城镇作为切入点，把生态文明理念全面融入到城镇化进程中，以观念创新为前提，以市场创新为动力，以产业转型创新为基础，以体制机制创新为保障，以科技创新为路径，创建资源节约型、环境友好型城市，走集约、智能、绿色、低碳的新型城镇化道路，推进新型城镇化发展，共建天蓝地绿水净的美丽中国。

通过对 1980 年至 2010 年近 30 年来我国城镇化进程与资源环境保障关系的分析我们发现，日益紧迫短缺的生态资源与生态环境破坏的压力将是未来我国发展新型城镇化进程所必须要面临的，这些问题的出现也必将使资源环境保障问题日益严重。据中国科学院的预测，未来城镇化进程对能源的需求将净增加 1.89 倍，对水的需求将净增加 0.88 倍，对建设用地的需求将净增加 2.45 倍，对生态环境超载的压力将净增加 1.42 倍。如何解决我国未来新型城镇化发展过程中出现的这些资源环境保障问题，是我们目前以及未来几十年城镇化发展中所必须攻克的重点难题。总结我国近年来城镇化进程中的经验和教训，我们必须认真地分析和对待城镇化发展对资源环境所造成的影响，并且要毫不动摇地坚持走中国绿色城镇化道路。

一、城镇化进程的加快对资源环境的影响

资源是我们人类赖以生存和发展的基础，生态环境是维系城市可持续发展的重要条件。从城镇化历史发展进程来看，任何一个国家城镇化进程的加快，都会给本国资源和生态环境造成很大消耗和破坏，我国城镇化进程也不能例外。随着我国工业化、城镇化进程

的不断推进，现代化建设速度的不断加大，对资源和生态环境的大量消耗和破坏不可避免，各种自然生态环境问题也随之凸显。

（一）对自然资源的影响

1. 城镇建设用地规模不断扩大，耕地面积逐年减少

自1984年城市经济体制改革以来，随着社会经济的大力发展我国的城镇化进程也进入快速发展阶段。但在发展的同时个别地区一味谋求发展而忽视了基本国情，从而背离了统筹发展、合理布局和节约资源的发展原则，以至于在建设空间的布局上出现了无序化、失控性，耕地被建设用地大量吞噬。尤其是最近十年，城市建设用地规模不断扩大，城区建成面积不断增加，城市人均综合占地达到110~130平方米的高水平，这是大多数人均耕地资源比我国多几倍乃至十多倍的发达国家的水平。目前，导致空间布局失控的许多不合理行为还在继续，诸如各地对开发区的大力兴建、政府办公区大规模搬迁扩大、高成本兴建城市绿地、乱砍滥伐树木、盲目修建"大学城"等行为。近些年自我国东部沿海地区到中西部地区，为加快推进工业化、城镇化发展进程，到处都在大力兴办工业园区，大范围圈地，有的地方工业园区面积已占到县域面积的10%甚至20%以上，但这些工业园区的兴建不但没有为本地引来多少工业项目，还致使很多的优质耕地大片被摧毁。

从全国情况看，改革开放以来我国耕地面积已经减少了一成以上，而正在快速推进的城镇化占用了大量耕地资源，致使耕地面积呈现逐年减少之势。国土资源部的数据显示（图5-2），截至2013年12月31日，我国耕地面积为13 516.34万公顷，经核查，2003年至

2013 年期间全国耕地面积有所减少，这就制约了城镇化的可持续发展。随着全国耕地面积的不断减少，人均耕地面积也在持续下降，而我国又面临着人口众多，土地资源相对较少的国情，因此在加大推进城镇化的进程中我们需要面临的是人口不断增长和土地资源短缺的双重压力。

图 5-2 2003—2013 我国耕地面积变化趋势图

2. 水资源短缺和水污染问题日益严重

水资源是一切生物赖以生存的重要自然资源，也是工农业生产、经济发展和环境改善不可替代的极为宝贵的自然资源。由于人口剧增、生态环境恶化、工农业污染排放加剧、水资源污染浪费等原因，使水资源本就贫乏的我们"雪上加霜"。从水源看，地表水径流量减少，储蓄量下降，水资源稀缺，人均淡水资源仅为世界平均的四分之一，目前中国有三分之二城市供水不足，六分之一的城市严重缺水，其中包含如天津、北京等特大城市（图 5-3）。

突出的水资源稀缺与水污染问题逐步地威胁到中国的经济与社会安全，是当前经济社会发展亟待解决的问题。城镇化进程的加快，无疑就加大了城镇生活污水和工业废水排放量，这就导致城镇水污染情况更加严重，水资源环境急剧恶化，水质量降低，这对人们的身体健康和工农业用水非常不利。更为不利的是，水污染问题正从城市向农村扩展，与大城市相比，小城镇市政建设相对落后、排污排水设备不健全、缺少正规污水处理厂，再加上农村居民受教育程度低、缺乏环境保护意识，他们集中向水体倾倒大量生活、生产垃圾，致使水污染日益严重。《2013中国环境状况公报》显示，全国地表水总体轻度污染，其中黄河、淮河、海河、辽河、松花江五大水系水质污染，全国4 778个地下水监测点中，约六成水质较差和极差。

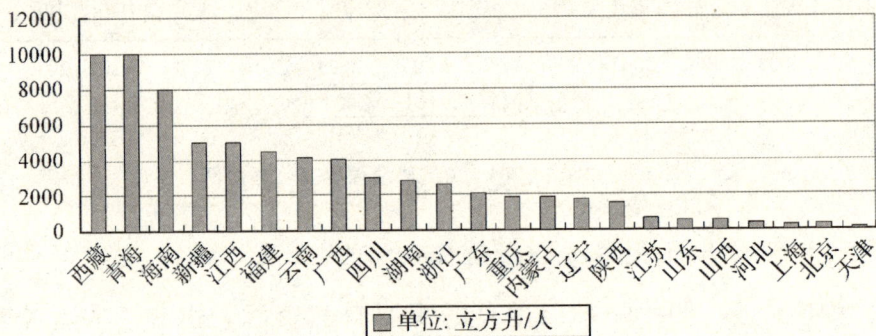

图 5-3   2010 年中国部分地区人均水资源量

由于人类对自然资源的不合理开发利用，在耕地不断减少的同时，湿地资源也在大量萎缩，特别是围湖养殖以及填湖造地，也会致使湖泊大量减少，淡水资源告急。目前我国的地表水容量十分有限，除大江大河外，大多数支流的污染物排放已严重超标，而且主要水库、湖泊的水质大部分不能满足用水要求，如江苏太湖和安徽巢湖的蓝藻大规模爆发，正是水污染问题不断恶化、积重难返的表现。

（二）对能源的影响

我国的能源国情具有两个明显的特点：第一，人均能源资源占有量低；第二，对能源需求量大。随着经济的发展和城镇化进程的不断加快，我国已由原来的能源输出国变为能源进口大国，进口油、气比例逐年上升，这不仅对国际能源市场供求关系造成很大影响，也在很大程度上对我国的能源安全形成极大威胁。

在加速城镇化发展的初期，我国第三产业尚不发达，为了加快推进城镇化进程和促进经济快速增长，就需要第二产业、第三产业成为其发展做出强大支撑。我国的第二产业具有高能耗、不利于环保等特点，而大量的能源消耗已经对我国的可持续性发展造成很大阻力。虽然能源产业规模和生产总量的不断扩大为我国的工业化进程做了很大贡献，但由于生产和消费结构合理规划，致使在能源开采、运输、加工和使用过程中，造成大量能源浪费及污染。据国家统计局数据显示，2006 年我国能源消费总量 24.6 亿吨标准煤，能耗增长主要体现在钢铁、煤炭、石油、电力等行业。有关专家估计，若按目前的开采水平，我国石油资源和东部的煤炭资源将在 2030 年耗尽，水力资源的开发也将达到极致，节能和减排任务十分艰巨。

（三）对生态环境的影响

生态环境破坏逐渐威胁人类生存。从空气质量看，环保部发布 2014 年 10 月份京津冀、长三角、珠三角区域及直辖市、省会城市和计划单列市等 74 个城市空气质量状况，74 个城市平均达标天数比例为 65.9%，其中京津冀地区重度污染天数比例达到 22.6%，10 月份大气主要污染物依旧是细颗粒物（PM2.5），其次为臭氧（O_3）。74 个城市轻度污染天数比例为 21.2%，中度污染天数比例为 5.5%，重度污染天数比例为 5.8%，严重污染天数比例为 1.6%。从工业废气排放情况看，2012 年全国二氧化硫排放量 2 117.6 万吨，比 2011 年下降 4.5%；化学需氧量排放量 2 423.7 万吨，比 2011 年下降 3%。2012 年发布的《2012 中国环境状况公报》显示，325 个地级及以上城市环境空气质量达标比例仅为 40.9%；113 个环境保护重点城市环境空气质量按新标准评价，达标城市比例仅为 23.9%。短短几年时间，工业废气排放量大幅上升，虽然对于二氧化硫、烟尘等的去除量也快速增加，但排放量依然较大（见图 5-4）。

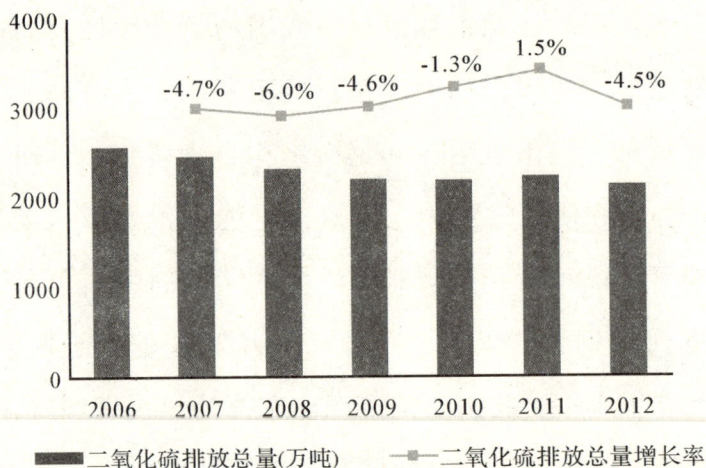

图 5-4　2006—2012 年我国二氧化硫排放总量

（四）对经济资源的影响

从就业情况看，就业吸纳能力不足，加大了城市发展负荷。2013 年人力资源与社会保障部发布的《2013 年度人力资源和社会保障事业发展统计公报》（以下简称"公报"）公布，2012 年年末我国城镇登记失业人数为 926 万人，登记失业率为 4.05%，此外 2011 年全年城镇新增就业人数 1 310 万人，城镇失业人员再就业人数 566 万人，就业困难人员就业人数 180 万人。总体来说，虽然新增就业人数和再就业培训人员逐年上升，但失业人员不断增加和失业率不断增长现象依然严重，而且我国目前对于失业人数的统计仅仅是依靠登记人数，如果将其他隐性失业情况考虑在内，我国实际的失业情况不容乐观。目前，光靠我国现有大规模的制造业和采掘业等产业吸引农村富余劳动力是远远不够的，就业人口的增加越来越倾向于依赖第三产业技术服务业的发展。根据人社部 2014 年发布的《2013 年度人力资源和社会保障事业发展统计公报》显示，2013 年年末全国就业人员 76 977 万人，比 2012 年年末增加 273 万人；全国就业人员中，第一产业就业人员占 31.4%，第二产业就业人员占 30.1%，第三产业就业人员占 38.5%。有研究表明，如果今后城镇化率平均每年增长 1 个百分点，就会有约 2 000 万人口从农村到城市，然而目前我国产业的发展空间及其规模难以持续地提供城镇化带来的就业岗位和规模需求，农村人口向城镇的大规模涌动，无疑也会为城市带来人口密度过大，资源过度消耗等发展压力，从而引起城市病等其他社会问题。

社会保障问题突出。由于我国城乡结构差异较为明显，随着城镇化进程的不断加快，从总体上看虽然居民接受最低生活保障人数呈减少趋势，但城镇居民接受最低生活保障人数在增加，农村反而在减少。有数据表明：2000 年四川省城乡居民接受最低生活保障人数为 380.4 万人，其中城镇为 115.6 万人，农村为 264.8 万人；2006 年四川省城乡居民接受最低生活保障人数为 323.3 万人，其中城镇为

165.3 万人，农村为 158 万人。2006 年与 2000 年比较，接受最低生活保障的人口总数减少 57 万人，农村减少 106.8 万人，但城镇却增加了约 45 万人。结合城镇化进程中分析的结果表明，并不是因为现在农村居民比城市居民富裕，而是由于城镇化进程中农民由农村向城镇转移的过程中，农村贫困问题实际上并没有解决，由于农民自身素质、技能及观念等多种原因，容易成为城镇中的困难势群体和救济对象，这些农村贫困问题随着他们的转移而带到城镇中。因此，我们在实施城镇化过程中需要认真研究和解决这一重要问题。

二、城镇化进程中资源环境问题的成因

由于在城镇化发展进程中太过注重经济目标的增长，从而忽略了对资源环境的保护，也由于我国的社会发展远落后于经济的增长，在城镇化进程中城市公共服务严重供给不足、供给制度严重缺失，从而造成了较为严重的资源环境问题。从总体来看城镇化进程中的资源环境问题，产生的原因是复杂的，具体表现如下。

（一）环保理念的缺失

城镇化进程加快，各地都在付出环境代价，也都在探索新型城镇化道路。目前，虽然国家已经出台了完善的新型城镇化总体规划，但还是普遍缺乏实现集约、智能、绿色、低碳的新型城镇化道路的标准规范和系统知识。近年来，随着重视程度不够造成资源浪费和环境污染问题的日益凸显，我国已经开始意识到这个问题的严重性，但目前对于治理资源环境问题的工作更多的是流于形式，各级政府

部门以及社会大众虽然已经意识到资源环境问题的重要性，但往往是说起来容易做起来难。加快发展仍是我国当前的首要任务，能源消耗和污染排放仍将在一段时间内保持较快增长。尤其是一些经济落后地区，发展愿望十分迫切，但受限于自然环境、基础设施和发展基础等因素，经济发展仍以大量消耗资源为代价，忽视甚至损害生态环境的现象仍然存在，一些规模小、技术落后的企业仍有适宜发展的土壤。

(二)环境保护法制不完善

目前我国环境保护法律法规不完善，现有的环境保护法与现阶段我国社会发展不配套。当前我国环境法律法规虽已成体系，但仍不健全，对环境违法行为处罚力度不够。基层环保部门对于很多企业出现的偷排、漏排和超标准排放污染物的行为疏于监管；基层政府为了追求经济收入目标，对发展过程中带来的资源环境问题置之不理；加之缺乏农村环境管理机构，致使农村资源环境保护职权分割不明确。

我国当前的城镇管理体制并不适合新型城镇化建设规划所提出的资源节约型、环境友好型社会的建设。首先，我国对官员的考核制度不健全。为了追求高额的经济增长，一个地区的国内生产总值增长成为了衡量一个官员好坏的评判标准，这就使得许多政府官员为了本地区的国内生产总值增长政绩，往往置资源、环境于不顾，对发展过程中所带来的资源浪费和环境恶化问题视而不见。其次，城镇规划缺乏稳定性的体制保障。城镇政府拥有制定规划、调整规划的权力，缺乏相应的规划审批监管部门，这就使得城镇政府在进行城镇规划时过于随意，如果遇到政府换届，那就很可能意味着之前做出的城镇规划会被新一届政府领导班子调整甚至取消，城镇的稳定发展成为空谈。最后，缺乏失误问责制度。在城镇建设中某些管理者决策缺乏相应监管部门，独断专行，如果决策失误也不用为自己的失误行为负责。

（三）粗放型经济增长

发展经济是永恒的主题，当经济发展到一定水平时，人们才有足够的科技能力、经济能力减少资源占用和耗费，实现经济发展和资源、环境的共赢。我国目前的资源环境问题是由于城镇化发展过程中，过于粗放的经济增长方式和过于粗放的传统农业生产经营方式所造成的，它不仅是导致生态环境问题出现的经济成因，也是导致经济社会不可持续发展的根源。

（四）对农村环保投入力度不足

目前政府部门对环保的投入力量主要集中在城市，对农村环境污染治理及生态保护方面的投入极少，这是由于在社会发展过程中政府一味为了追求高额的经济增长，认为农村资源环境的破坏对政府的税收远远低于城市，因而他们不愿意并且也缺少足够的治理资金来整治农村环境。

（五）资源价格管理机制缺失

由于资源和环境无价或低价的经济外部化特征，资源性产品的价格形成机制存在一定缺陷，由于受到政府的严格管制，其价格远低于市场均衡水平。同时，缺乏外部管理机制，许多资源性产品生产企业为了节约社会成本，相关生产设施并未按照国家标准规定执行，缺乏对环境保护、生产安全等方面的经济投入。

三、城镇化进程中如何应对资源环境问题

城镇化进程的加快不仅对社会经济的发展有利，也能够在很大程度上改善人民生活质量、极力缩小城乡差异、统筹城乡协调发展等问题。面对人口数量多、人均资源少以及生态环境破坏严重的现实国情，未来新型城镇化的我们必须以最少的资源消耗和最低的环境破坏为代价，创造出最大的经济利益和社会效益，这是我们今后甚至是未来发展最为紧迫的要求。资源环境问题本质上是发展方式、经济结构和消费模式问题，要解决我国城镇化发展中的资源环境问题，必须以观念创新为前提，以市场创新为动力，产业转型创新为基础；以体制机制创新为保障；以科技创新为路径，建立资源节约、环境友好的两型城市，走集约、智能、绿色、低碳的新型城镇化道路。

（一）着力推进生态文明建设

将生态文明理念全方位融入城镇化建设领域，加强对新型城镇化的建设的总体规划。提升理念，要把"坚持以人为本和全面、协调、可持续的科学发展观"理念作为今后城镇化建设的生态文明理念，注重经济社会发展的同时也要注重人与自然的和谐发展。第一，加大对生态环境保护建设力度的同时，实施生态环境保护与生态环境建设并举的原则。第二，考虑到区域污染与生态环境破坏的相互影响与作用这一情况，要坚持污染防治与生态环境保护并重的原则，

统一规划、同步实施。第三，在对资源进行开发时，应充分考虑生态环境的承载能力，决不能为了眼前利益而做出牺牲生态环境的行为，要坚持合理开发、统筹兼顾的原则。第四，要明确生态环境保护权责关系，要坚持谁开发谁保护、谁破坏谁治理的原则。

要做到符合可持续发展战略的要求，就要在全社会普及和提高人们的可持续发展意识。首先，要加强城镇决策管理部门干部对新型城镇化规划中科学发展观知识的学习，提高他们的科学发展观理念，从而做到在发展过程中不能只注重眼前利益，还要充分考虑到人与自然的和谐发展。其次，城镇工业、企业负责人要加强对环保知识的学习，增强自身环保意识，使他们认识到自觉保护当地的环境，不仅是对当地生态、环境以及民众的良知，更是一个企业家的社会责任。最后，普通居民应加强对环境保护和可持续发展知识的学习，通过教育使他们在一定程度上增强环保意识，政府也应通过电视、电影、互联网、微博、广播、报刊、书籍等方式在全社会对环境保护进行普及和宣传，使广大居民意识到保护自身生存环境的必要性和重要性。

（二）加强生态环境综合治理

城镇化进程中不可避免的会带来环境污染和资源消耗，因此针对空气污染和水环境污染、垃圾等固体废弃物污染、城市"热岛效应""温室效应"等现象对生态环境治理进行综合整治。综合整治生态环境，营造良好的环境支撑体系，稳步提升水环境质量，持续改善空气环境，稳定降低噪声污染，妥善处置固体废物，加强土壤防治，构筑生态产业支撑。鉴于我国生态环境已经极度恶化，严重影响到整个国民经济的发展，因此保护生态环境必须引起我们的高度重视，应该把它放在和城市环境保护同等重要的地位，为此，国家应该从宏观调控的战略高度，按照城乡统筹发展的要求来综合治理生态环境。

面对城镇化发展过程中出现的一系列资源环境问题，我们要结合我国现有的城市承载能力现状，从长远发展的角度做好规划。在大气治理方面，严格落实全国清洁空气行动计划，主要从推动能源结构调整、扬尘控制、工业污染防治、机动车排放监管等几方面全面落实大气污染防治工作。在水污染治理方面，加大污水治理力度，大力推进水环境、水生态治理，加强污水处理和再生水利用设施建设，逐步实施水源回补工程，增加全国水资源总量。在实际工作中认真对不同规模城市的发展需求和规划目标来进行规划设计，着力将粗放型发展模式转向节约型发展模式，不片面追求数量上的扩张向转而追求质量上的提高，以防止城市的不合理开发对资源环境造成重大损害。

（三）缺乏评判和预警资源环境的机制

我国的资源具有明显的稀缺性特点，而环境又决定生存质量和空间优劣，因此，在实施城镇化进程中及更应该注重加强对资源和环境的保护。城镇化的发展本身就具有很强的刚性特点，这是由于城镇人口人均能耗远远大于农村人口决定的，同时这也意味着，在其城镇化发展进程中一旦出现问题就很难纠正。目前很多地方缺乏严厉的惩罚和监督机制，这就造成了城镇化进程中城市基础设施建设结构性矛盾突出，对资源环境造成了很大破坏。因此，应由国家设立城镇化进程与资源环境评估监测机构，通过对城镇资源和环境进行科学测算、评价、对城镇化进程中威胁资源和环境的城市和项目进行及时预警以及对造成资源浪费和严重污染的违纪违法行为进行查处等手段，从而制定出切实可行的符合我国实际情况的城镇化发展战略，这对于保护资源和环境无疑具有重要的作用。同时，城镇化进程与资源环境监测机构的成立，除了能够使资源环境得到更好的保障，还可以根据经济发展速度对我国城镇化进程进行合理有效的政策调控，更好的促进我国的城镇化建设的健康有序发展。

（四）突出发展循环经济，推动产业转型升级

循环经济作为当前一种全新的经济发展模式，完全转变了传统的生产力和生产关系，实现了经济、环境和社会协调发展。发展循环经济是以利用高新技术手段为基础，以遵循自然生态法则的绿色导向来发展经济的，因而，这种发展模式不但能够促进经济的更好发展，更能够在发展的同时有效解决好生态环境破坏带来的多种问题。资源环境问题是产业粗放发展的副产品，对产业来讲循环经济模式是推动产业模式转型的基本途径，只有大力发展循环经济，才能使我们的环境治理和保护能力得到更好的提高，最终形成一个社会发展、经济增强与环境保护间的良性发展模式。随着城镇化进程的不断加快，由于资源消耗量越来越高、社会对环境的管制越来越严格，导致了消耗资源与排放污染的成本不断增高，因此，只有遵循循环经济的发展模式，降低对废弃物被废弃的比例，将废弃物进行重新再利用，才能够使经济效益不断增长的同时带来更好的环境效益，从而实现经济发展和环境保护的"双赢"的局面。

　　研究出台再生能源产业发展支持政策，引导金融和社会资本投入。淘汰落后产能，加快水泥、建材、有色冶炼等行业的调整转型，运用高科技技术手段从产品工艺、物料、设备等方面入手，着力改进产品的生产技术，从而降低产品的能源消耗、物质消耗和环境污染。提高控制污染技术水平，着力改进无废、少废生产工艺与清洁生产工艺、技术和设备，坚持以项目为载体，大力实施循环经济示范工程，构建覆盖城乡的资源循环利用体系，形成节约资源和保护环境的产业结构、生产方式、生活方式。大力发展化害为利、变废为宝的生态技术和生态工业，大力推广综合利用、重复利用、循环利用技术，优化环境容量产业布局、优化环境管理产业结构，以推动产业更好地转型升级。

（五）加快科技创新，探索经济发展新模式

　　我国的生态环境问题是由于过快的追求社会发展所造成的，主要存在"发展不足"和"发展不当"两方面问题。因此，要想解决生态环境问题必须需要从发展的角度入手。"科学技术是第一生产力"，科技的发展对于治理我国生态环境问题起着至关重要的作用，无论是粗放型的经济增长方式向集约型的转变，还是科技的技术支撑在环保中所充当的角色，都需要靠科技的大力发展来为其提供强大的技术支撑。

　　当前，我国的科技文化水平还存在很大上升空间、科技人员数量还严重不足，这就使得科技在我国经济发展和环境治理中所带来的作用并不大，事实表明，只有在我国城镇化进程中大力发展科学技术，才能更好地克服经济快速发展给生态环境造成的污染，才能减少经济发展中对资源的需求，才能更大地减轻经济活动对自然环

境所造成的压力。大力发展绿色科技，通过技术创新，提高资源的使用效率，集中突破低碳关键技术瓶颈，加强对传统产业改造、绿色产业发展、龙头企业发展及重点科技项目的创新和扶持。同时加强清洁低碳技术的研发，加快新能源技术开发和推广，重点实施一批新能源发电、公交新能源替代、餐厨垃圾处理、绿色建筑、工业锅(窑)炉节能、畜禽养殖污染治理、"城市矿产"再利用等技术推广项目，以增强对城镇化过程中污染转移的消化能力。

（六）强化环保法制，完善环保制度

我国环境管理的法律必须强化，真正确立法律手段在管理环境中的严肃性和权威性。注重加强对农村干部和农民环保法律意识的宣传，由于农村文化水平普遍不高，致使一些村干部和农民和对环保法律意识认识淡薄，因此，必须在广大农村加强环保法律法规意识的宣传，更要鼓励党员发挥带头模范作用。同时也要完善环境法律监督体系，当前我国环境法律监督体系中，真正发挥作用的是各大权力监督机关和行政监督机关，而各民主党派和社会组织团体也只是通过其舆论监督的形式来发挥监督作用，但事实上舆论监督的作用非常有限。因此，国家环保总局不但要在法律层面和行政层面上加大对各级环保机关的稽查力度，还要针对个别环保机构出现的环保不力或不作为情况进行严格查处并追究相关责任人的法律责任，只有这样才能使环保部门在广大人民群众中树立执法威信，才能更好地保证我国环保法律法规的顺利实施。

保护环境，根本靠制度。我国现有的强化环境监测、信息披露制度还有待加强，追究谎报、瞒报者责任的法律法规还有待完善，因此应从实际情况出发，科学合理地建立环保监测考核指标制度和环保责任界定法律法规。同时，也要针对高能耗、高污染的工农产

业建立环境保护奖励补偿机制，以增强他们对节约资源和环境保护的责任意识；加强对以生态补偿为重点的区域性环境联动机制改革和以排污权交易为重点的市场化减排改革。

（七）对资源合理定价，形成市场环保激励

价格是市场活动中最敏感的因素，充分发挥价格机制在生态环境开发利用中的调节作用，促进企业间形成生态经济的良性循环。进一步推进水、电、气等资源性产品价格激励机制。建立重点用能企业能源信息平台，在电力、机械、化工、建材等重点耗能企业实施节能工程。成立环境资源交易平台，通过对地区减排合作机制和各种排污权交易制度，来激励市场化的减排。逐步提高矿产开发的环境补偿标准，实现环境成本内部化。

以上内容表明，我国城镇化进程虽然取得了巨大成就，但发展进程中所面临的更为明显、更加严峻的资源环境约束，将会严重拖慢我国未来的新型城镇化建设脚步，是一种不可持续的城镇化。因此必须要对这一问题予以正视并花大力气加以解决，这就要求我们要紧紧围绕十八大规定的把生态文明建设纳入社会主义现代化建设总体布局来开展资源环境治理工作，全面提高城镇化质量，加快转变城镇化发展方式，坚持走"以人为本、四化同步、优化布局、生态文明、文化传承"的新型城镇化道路。

第六章 新型城镇化建设的土地问题

　　中国走新型城镇化道路是城镇化发展进入新阶段的客观需要。我国在这几年经济工作的主要任务之一是积极稳妥推进城镇化发展，着力提高城镇化质量，新型城镇化建设是扩大内需的最大潜力所在。李克强总理也曾多次强调，中国作为大国要立足内需，城镇化就是最大的内需之所在，要把这个潜力发挥出来。

　　当前我国正处于城镇化的高速发展时期，向着城乡发展一体化的目标快速迈进，工业与服务业稳步增长，城镇规模不断扩大，城镇人口快速增加，将产生持续的大规模的用地需求，在这个大背景下土地这一核心生产要素的地位越发重要，由土地问题带来的缺陷和深层矛盾已日益凸显出来，主要特征表现在：耕地资源大量损失、土地质量急剧退化、土地利用效率低下、农民土地权益受损、土地供需矛盾加大、现行土地管理制度落后等。快速的城镇化建设引发的这一系列土地问题，已经严重阻碍了新型城镇化发展的步伐以及经济社会的持续发展，尤其对正处于城镇化建设高速发展时期的中国来说，诸如土地资源稀缺、人地矛盾加剧、土地利用效率低下等一系列土地问题，都将阻碍我国城镇化进程。

　　土地制度是一个国家经济制度的重要组成部分，也是一个国家最重要的物质财富之一，土地制度也是人地关系的制度化，农村土地制度是农民使用土地的具体规则。我国是世界上唯独一个实行土地国家和集体二元公有制土地制度的国家，土地的二元结构决定了中国城乡二元结构。所以要逐步消除城乡二元结构，进行土地制度改革，就必须从法律、政策、制度上彻底改变土地的二元结构，建立与市场化相适应的中国化的土地制度。尤其城乡的二元结构体制与传统农村集体所有制是严重制约和影响各种要素资源优化配置的根本性制约因素，这其中土地制度又是城乡二元结构体制和农村集体所有制两项基本制度的交叉点，也是深化农村改革的矛盾点和焦点。

　　土地制度是我国各项经济社会政策的基石，无论是保增长、扩内需，还是保民生、调结构，都离不开土地政策的调整优化，在中国土地具有就业、保障和发展等多种功能，土地对中国农民而言，绝不仅仅是生产资料这么单一，其内涵非常丰富，承载了太多的社会功能在其中。但是在目前的城乡二元的土地规划管理和农村集体所有制条件下，引起产生了一系列激化社会矛盾、影响社会发展、阻碍农民收入提高、甚至延迟城镇化进程的状况。

　　土地问题是我国城镇化进程中所要面临的核心问题。土地具有一个包括经济权利、心理权利和社会权利在内的一个完整的权利体系，在对城镇进行规划建设以及征用土地时，应充分结合现实自然情况来进行合理规划，并要通过对农民土地权利体系的保障，来确保农民能够长期受益。在中国土地作为生产资料，对城镇化的发展起着至关重要的作用，它的就业和社会保障功能一直为城镇化的发展提供有力支撑，虽然在发展过程中其社会保障功能有所削弱但并不能被完全替代，以此，是选择扩大经营规模迫使农民被动离开土地，还是选择利用城镇化的发展和非农产业的引导吸纳农民主动离开土地，就成为关乎经济社会稳定的重大难题。根据我国目前的发展情况来看，如果还是不能控制企业无节制地扩大规模经营，就会导致许多农民失去赖以生存的土地，因此，企业应当采取适度规模经营的方式，在吸纳农村劳动力的同时也为农民保留家庭经营用地，用以激发农民生产积极性和保障农村基本生活需求。

当前，如何协调耕地资源减少与加快新型城镇化进程之间的矛盾，有效破解新型城镇化过程中的土地难题，是事关我国经济社会能否实现又好又快、更好更快发展和历史性跨越的重大现实问题。

一、新型城镇化进程中土地的现状

（一）土地成为各方牟利方式

新型城镇化进程的加速推进催生了城市土地日趋短缺和紧张的问题，土地作为一种不可复制的稀有资源，土地及房子价格渐涨，经营土地成为谋利暴富的捷径。首先，土地成为地方政府的生财地。地方政府赚取征地出让、拆迁出让的土地差价，土地财政成为地方政府的主要财政收入形式。其次，项目建设成为非政府组织或个人经营土地谋利的载体：一是土地成为开发商的摇钱树，通过倒地建房、囤地而赚取暴利；二是机关单位、企业和外商等组织借助项目建设占地谋利；三是囤房、炒房保值增值成为多数人的投资获利渠道。囤房伺机而售、囤房出租，由此形成了一个庞大的炒房群体；四是被拆迁户因拆迁补偿而一夜暴富，建房拆迁成为致富的路子，村民违法突击乱建，外来人涌集落户城市边缘农村房，城市边缘农村土地被蚕食。

(二)土地经营不平均拉大了贫富差距

城镇化进程中，经营土地成为致富的捷径，谁占有经营土地，谁就与暴富贴边，土地成为暴富的催化剂。今日的城缘就是明日的城中，围地占地就是围钱。土地也成为贫富不均的拉伸器。城镇化进程催生了一支支暴富群体，一是与经营土地相关的开发商，二是炒房族，三是被拆迁的多房大院户。这是以经营土地谋利的非劳动贡献暴富，拉大了贫富不均的距离，加速了贫富两极分化。这是人们不能认同的贫富不均。

(三)巨大的土地利益催生了官员腐败

土地的巨大利益诱惑，成为权力寻租的集中地，相关地方政府官员也成为以土地取利人们的行贿对象，城镇化进程中的土地成为各级政府官员腐败的高发区。地方政府主要官员，土地、城建、规划相关人员等都是涉及房地产的高危人员。近年来房地产腐败案件有增无减，贪腐受贿数额越来越大。土地监管和土地财政，使得政府扮演着运动员和裁判员的双重角色。政府炒地寻利、官员寻租，自然疏于土地监管，这是导致城市土地及房地产价格持续走高的原因之一。

(四)土地利益不均造成社会不和谐

争夺土地利益使得土地成为矛盾纠纷的多发地。一是政府征地案件，农民与地方政府的纠纷。二是强拆案件，被拆迁户与政府、开发商或拆迁公司的纠纷。征地、拆迁案件背后折射的是土地利益博弈。

二、新型城镇化进程中带来的土地问题

土地作为经济发展与社会进步的基础，随着我国城镇化进程的不断加快，无疑会加剧对土地资源大量占用，土地资源具有不可复制性，土地资源的大量占用就会导致土地资源的稀缺，由于土地资源稀缺而引发的土地问题也会日益凸显，严重危害到社会的发展和经济利益增收。十八大对新型城镇化土地资源的配置问题提出了新要求，当前城镇化发展过程中存在的土地问题，主要体现在以下几个方面。

（一）土地利用方面

1. 土地利用结构不合理

上地利用结构的变化不但对土地的可持续利用造成很大影响，同时也对城镇化建设发展进程和耕地保护造成影响，更加对农业政策的调整和科技、资金投入力度产生影响。自新中国成立以来，土地结构的不合理利用是主要问题，而耕地日益减少更是其突出问题。我国作为一个农业大国，耕地问题关乎每个社会成员的生活，因而耕地资源对我国的社会稳定、经济安全、粮食安全等方面起着至关重要的作用，甚至关系到国家未来的发展和子孙后代的生息繁衍。

1998 年至 2008 年十年间，由于我国城镇化进程的不断加快，致

使很多乡镇企业迅猛发展，中小城镇规模不断外扩，居民点不断增加，对耕地的占用逐年上升。联合国给出的人均耕地警戒线为0.8亩，按照目前的科技水平测算，0.7亩耕地才能养活一个人，即人均耕地不能少于0.7亩，但我国2 800多个县级城市中，有666个县人均耕地低于警戒线，其中463个县人均耕地甚至不足0.5亩。即使这样，我国的耕地资源仍然在持续减少（图6-1）。

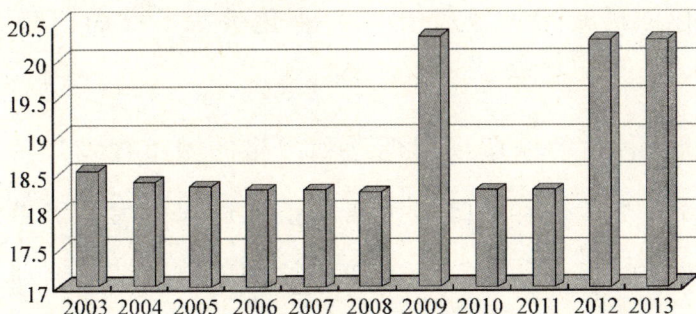

图6-1　2003年—2013年我国耕地面积变化趋势图

根据国土资源部的数据显示，截至2013年12月31日，我国耕地面积为20.27亿亩，截至2013年底，我国耕地保有量为20.27亿亩，数据显示，2013年，全国因建设占用、毁灭、生态退耕、农业结构调整等原因减少耕地面积35.47万公顷。耕地面积的不断减少，对于城镇化的可持续发展非常不利，土地是农民的生产工具，农民的一切生活保障来源于土地，然而不断推进的城镇化、工业化建设却占用了农民的大量耕地，致使农民被迫离开自己赖以生存的土地，这就使得原本就贫困的农民更加贫困，虽然对于被占耕地的农民会得到一部分失地补偿，但对于他们以后的生活根本就是"杯水车薪"，起不到根本的保障作用。

2. 土地用途不合理

我国现阶段的国情决定了中国的新型城镇化道路必须是多元化的道路。从整体来看，我国近 30 年来的城镇化发展虽然依照制定的发展规划、目标和指导方针执行取得了不俗的成绩，但同时也为城镇化的发展带来了很多难以忽略的问题，这是由于城镇化发展缺乏更为科学合理的规划布局，以至土地用途不合理利用，在很大程度上不但没有推进我国的现代化、工业化进程，反而阻碍了其发展脚步。

由于缺乏科学的城市规划理念和严格的城市规划规范，使得我国很多大城市尤其是省会级城市在城镇化进程中为了谋求发展而引发了土地浪费的现象。如，土地利用结构不合理、土地利用效率低下、土地用途不合理等诸多土地问题。尤其是 20 世纪 90 年代中后期，以兴建经济开发区、兴建高科技园区、开发卫星城等目的大量圈地运动开始，虽然很多土地得到了高效的利用，但仍有许多土地被大量地浪费、闲置。

2005 年以来，我国房地产行业进入了一个上升期，部分地方政府对房地产用地收益的期望值逐年增加，地方政府只看重眼前经济利益，单纯为了抓政绩而过于盲目地追求国内生产总值数额的增长，以至于忽略了本地区发展中土地区域性特点和土地流转市场的实际情况，不但不对土地开发商的开发方向和用地规划加以规划管理，反而不加选择地欢迎其各大开发商来到本地，并在政策上给予大力支持，这就导致了许多开发商在政策支持下轻易地就拿到了土地并且在没有开发规划的前提下将土地大量闲置，造成普通人民群众对居民住房需求严重供给不足，土地的大量占用和闲置，无疑也使农用耕地在大量减少。

旧城区土地利用率低已经成为当前我国城市土地利用率低下的重要原因。据不完全统计，在我国旧城区面积一般要占整个城市建成区面积的20％～40％，旧城区大多都经历了相当长时间的历史变迁，大部分建筑都是一户一宅建筑容积率较低的低层建筑，而且随着时间的变迁，很多房屋都已残破不堪，加之对旧城区缺乏合理的规划开发，也使旧城区的街道相对狭窄、人口相对密集，私搭乱建现象非常普遍，这就给城市土地的高效合理利用带来很大的制约。

3. 土地利用粗放

新中国成立后，我国始终处于社会经济高速增长的状态，城镇化进程也在不断推进，取得骄傲成绩的同时也出现了很多不容忽视的问题。例如，城镇化的发展带来了土地浪费、土地利用率低下、土地用途不合理等一系列土地问题，更加剧了人地矛盾，这样无限制地开发必将会对城市的交通、环境、资源、管理等方面造成很大压力，致使各种社会矛盾不断加剧，从而制约整个城市的社会经济发展。

城市土地利用粗放，城市人口密度一直在不断增加，长期以来，城市的发展特别是中小城市只注重大规模地向外扩张城市面积，以提高城市容积率，却忽略了对原有土地的立体空间利用，从而导致了土地的低效利用。这就说明，想要提高城市的容积率不光只能依靠单纯的土地扩张，也可以同合理加大对土地的空间利用相结合。很多地方政府为了扩大城市规模，在未经合理规划的前提下盲目地兴建经济开发区、高科技园区以及开发卫星城等，由于这些新城区的建设缺乏科学合理的规划以及相应的配套运营、招商策略，造成很多新建城区闲置，大量优质农业用地被占用，严重阻碍了对土地的集约利用。

农村土地利用粗放，我国农村长期实行的宅基地制度是致使农村土地利用粗放，闲置、浪费情况较为严重的主要原因。农村宅基地制度的制定原本是为了能更好地保障农民住房权益，但现有的宅基地制度与现阶段农村发展情况严重不符，以至于农民得到宅基地土地后不能有效利用，尤其是政府对于农村土地缺乏合理科学的规划，农民得到宅基地后更多的是依据自己的喜好、需求来建房，这就更加导致了对于宅基地的低效利用。农村产业用地铺张浪费，在我国随着加强产业化的思想在农村的不断深入，只要是自然环境不是太恶劣、地理位置不是特别偏僻的农村大多都兴办了自己的村镇企业，但这些村镇企业大多都是一些依照传统模式发展的科技含量低、经济效益差的产业，这也就导致了这些村办企业的产业用地缺乏科学合理规划的集约高效利用方式。

（二）土地流转方面

党的十八大报告中提出，今后要逐步完善农村土地经营管理制度。2013 年的中央 1 号文件再次聚焦三农问题，指出鼓励发展专业大户、家庭农场和农民合作社等形式的适度规模经济，同时政府工作报告也提出逐步构建集约化、专业化、组织化、社会化相结合的新型农业经营体系，农村一家一户的土地承包模式势必会逐步打破，土地流转成为现实问题。土地流转之后集中经营，无论对于增加土地使用率，发挥机械化水平，提升国内农业整体经济效益来讲都是好事。但是在土地流转实施中有很多问题还需要解决。

农业土地流转是事关国家建设全局的大事，牵涉社会生活的方方面面，我们必须谨言慎行。而对土地经营规模的开发到底是"先动人"还是"先动地"这关乎每个农民的切身利益和农业的可持续发展，这已经不单单是一个简单的操作程序了，应该在完善土地流转机制的基础上逐步将家庭经营效率向集约型转变。完善农村土地流转机制要以保障农民切身财产权利为核心，修改完善相关法规和政策，要对农民土地财产权进行明确界定，在充分尊重农民土地承包权的同时，强化对承包土地经营权的物权性质，并通过颁发土地承包经营权证书等形式强力保障农户在承包土地占有、使用以及收益等方面的权利。

1. 农村土地流转法律法规不健全

目前我国现有的土地流转法律法规与当前农村土地流转实践严重不符，现有的法律法规对于农村土地流转相关问题缺乏具体细化的对农村土地承包经营权的转让、承包等具体流转形式的规定，大多是从宏观上进行原则性规定，这就导致了农村土地流转过程中缺乏健全的法律法规机制，加大流转程序的纠纷，造成流转交易成本过高，同时也使很多地方政府利用法律漏洞侵犯农民土地合法权益。

2. 交易双方缺乏信任感，合作基础不稳固

目前的土地流转在各地都有试行，但是全国没有统一的交易规则。土地是农民赖以生存的基础，失去土地，他们会失去安全感。而土地流入的企业或者家庭农场，因为没有制度做保证，也不敢彻

底放开手脚购入大量的农机具、农资、聘用人员等去从事农业开发等投资行为。交易双方彼此均缺乏信任感，都担心自己的利益无法得到根本保障。

3. 交易双方收益保障体系不健全

土地流转中，有很多事项还没有确定。如农民土地流转后是否保留土地承包权；土地流转的交易方式、收益分配方式等；农村宅基地如何流转；土地流转之后如果农产品价格出现大的波动，是否影响双方的收益分配模式等；执行过程中出现纠纷如何调解等。这些问题都还没有一套健全的体系做保证。

4. 农村土地收益分配不公，流转程序不规范，流转制度不健全

在我国现行的法律规定中，不管是村民还是村集体都没有完整的对土地的收益权和处置权。法律规定，农村集体经济组织出让土地所有权，必须要先将土地收归国有，才能由政府进行转让，而这一规定就使得政府在进行土地转让时过多考虑自己的收益，而不是在保障农民土地收益权的同时公平合理分配。近年来，更是频繁出现一些由于地方政府在征用农民土地时过分侵犯农民土地权益而发生的群体性事件，当前许多地区也大量存在土地承包经营权强制流转现象。全国并没有出台相关的土地流转收益分配标准，以至于各地的分配标准各不相同，在一定程度上破坏了农村土地流转收益分配体制。

农村土地承包经营流转缺乏一个合法的市场交易平台和相对规范的流转程序和监督机制，正是由于这些条件缺失，从而导致了农村土地经营流转的自发性、无序性、盲目性、混乱性等一系列问题。

没有严格的流转程序，很多农民不知如何操作等，没有统一的规范化的流转合同和操作程序。信息市场体系没有建立，土地流出方和流入方信息不对等，导致流出方在交易过程中处于不利地位等。以上这些都影响土地流转进度和交易质量。

5. 土地流转价格机制扭曲

土地流转的关键因素是其所属土地的价格，而影响土地价格的条件又多种多样，如不同土地所种不同作物、土地所在区域及其肥沃程度的差异等，以至同等条件下的土地价格都存在较大的差别。当前，现有法律法规对如何评估农村土地价格也无法律依据条款，评估农村土地价格的方案无法统一。虽然可供参考的案例较多，但是信息过于分散不易归总整理，精确计算数据困难，使开展价格评估工作更加困难，而农用土地非农用使用，所取收益与原定收益存在价差，无意于使评估土地价格的工作难度雪上加霜，故对农村土地进行等级划分、正确合理估价就成为了土地流转的重要环节。当前我国农村在缺乏可靠、专业的评估体系的大背景下，通过人为的主观意识对土地进行评估低价，造成了土地价格混乱、扭曲，农民合法权益无法得到保障，也就进一步妨碍到农村土地正常合理的发展。

6. 农村土地流转纠纷缺乏合理解决机制

我国现行的《农村土地承包法》相关条款规定："因土地承包经营发生纠纷的，双方当事人可以通过协商解决，也可请求村民委员会、乡（镇）人民政府等调解解决。当事人不愿协商、调解或协商、调解不成的，可以向农村土地承包仲裁机构申请仲裁，也可以直接向人民法院起诉。"但是在实际司法实践过程当中我们发现，我国多数农村并没有建立相对应土地承包仲裁机构，即便某些建立土地承包仲裁机构的地区，也没有对应部门及经费处理土地承包仲裁工作。土地承包仲裁机构远没有发挥出它预期的作用。在当今新型城镇化建设发展的环境下，与土地承包经营有关的案件日益增多，而解决土地流转的机制的不健全，导致案件问题无法解决，以至于土地流转、适度规模经营目标无法实现。

（三）土地管理制度

走新型城镇化道路是十八大提出的建设文明社会的发展方向，是我国实现富强、民主、文明的必经之路，也是推动经济转型和拉动内需的重要手段。而如何才能搞好城镇化建设已成为当今社会的重要任务。研究表明我国现行的土地出让制度、土地征收补偿标准等制约了新型城镇化建设的发展，因此针对我国新型城镇化建设发展的特点，制定出更适合国情的土地利用规划，选择更合适的土地出让方式十分重要。

1. 建立针对新型城镇化发展的土地征收制度

土地征收和征用制度是伴随着我国的城镇化进程形成、发展的，该制度在对我国推进城镇化立下汗马功劳的同时，也逐渐因其本身存在的问题颇受诟病。特别是在当前我国走新型城镇化道路背景下，不完善的补偿标准以及征地、拆迁方式等使该制度的弊端暴露。征地补偿标准的不合理、对弱势群体意愿考虑全面、借由征地通过运作成为部分人谋取私利的工具等问题已经从单纯的土地领域弊端发展为全社会的共同声讨对象。

在新型城镇化发展进程中，大量土地被征用是社会发展的必然，这几年由于土地征用问题引发的社会矛盾越来越多，其实真正的原因并不是城镇化进程本身造成的，而是这个过程中，在土地征用补偿等一系列问题上，从制度层面就存在很多缺陷。中国现在实施的土地征用政策，形成于计划经济时代，主要依靠政府的行政命令来实施，土地从集体变为国有的过程不是一个按照市场体系建立的平等交易的过程。在二元土地公有制条件下，正确处理人地关系，关键是要完善改革土地征用政策，正确处理国家、集体和个人之间的关系。改革开放这么多年，城乡收入差距不但没有缩小，而且还有进一步被不断拉大的趋势，这其中虽然有很多原因，但与土地政策的原因有多方面关系：一是规模经营的体制和机制没有建立起来。在农用地允许流转之前，包产到户限制了农户的经营规模，一家一户都是单兵作战，土地的利用效率不高，非常不适合大型机械化的实施，阻碍了现代科技在农业生产的使用，也限制了规模化生产和经营。二是促使农户增加投入力度的机制和体制没有建立。农民财产性收入很低，没有足够的资金投入到农业生产，同时在土地的承包经营权和使用权无法抵押、难以融资的情况下，农民也很难争取更多资金投入到农业生产，只能小农化生产经营。三是在土地征用过程中，土地定价很低，土地交易价格严重偏离市场，不利于土地资源的合理配置，也不利于耕地的保护，同时农民更是难以获得本应该获取的财产性收益。四是在土地征用过程中，土地补偿金往往也是政府和开发商说了算，农民在这个过程中处于弱势地位，在土地补偿金的价格、收益分配等关键环节介入得很少，没有参与权和监督权，始终处于弱势地位。因此部分地方的土地征用不仅没有使农民富裕起来，有的还造成了大批失地农民陷入新的贫困。

2. 集体土地流转制度存在缺陷

城镇规模不断扩大使得对土地产生持续的大规模的需求日益增加，向农村集体土地"索取"新一轮城镇化发展用地已不可避免。

集体土地可以分为农用地、宅基地和除宅基地之外的集体建设用地（包括农村集体经营性建设用地和公益事业建设用地），因此农用地流转、宅基地流转以及除宅基地外的集体建设用地流转我们称之为集体土地流转。其中，农用地的流转主要是指农民土地承包经营权的流转，《物权法》赋予土地承包经营权物权的性质，农民对土地承包经营权享有完整的占有、使用、收益、处分权，可以通过转包、出租、互换、转让、股份合作等形式流转土地承包经营权，并且法律鼓励土地承包经营权流转进行适度规模化经营。

目前农村土地利用效率相对不高，土地资源和资产价值挖掘潜力大，土地综合整治可以节约集约利用农村土地，合理释放农村土地资源。在土地综合整治过程中，必然会引起土地利用的重新布局，土地用途的置换调整，从而使耕地规模经营、人口集中居住、产业集聚发展，要实现这种土地利用结构和布局的优化调整必须靠完善的集体土地流转制度来配合，但目前的集体土地流转制度仍存在诸多缺陷，制约土地综合整治的开展。

3. 管理制度不到位

土地管理手段落后，多数地方没有建立一套完整的土地流转信息管理、登记和备案制度；土地流转市场组织化程度低，没有规范标准的土地流转市场。更没有明确的专业管理部门和管理人员来统一实施管理土地流转工作。

4. 地籍管理制度满足不了现代社会发展

地籍管理是对土地的位置、地界、数量、质量、权属和用途等基本情况的记载和管理，其主要包含三个方面内容：土地调查、土地登记和地籍档案资料。地籍管理是国家进行土地管理活动的一个重要组成部分，给国家制定土地利用总体规划和计划、农业区划和城市规划以及正确研究土地对策提供了基础资料以及成为其重要的客观依据，其核心是产权登记。

目前我国国有土地登记并不完善，城市范围相对规范，农村范围相对薄弱，特别是农村宅基地土地登记信息严重不足，致使管理农村地区土地的效率低下，而因宅基地的位置、权属等划分不明确引发的争议问题屡见不鲜。农村土地权属登记的薄弱是很多地区城镇化后旧城改造以及实施土地综合整治成本居高不下的重要原因。很多农民为了获取更多补偿，一听说要拆迁便大量盖房，这些新盖的住房完全不符合规划，在拆迁过程中漫天要价，产生大量不必要的社会成本，造成浪费和社会不公平。

(四)农民宅基地和住房方面

城乡住宅二元化是我国城乡二元结构的产物。目前我国宅基地管理的现状比较混乱，有关宅基地管理的法律法规比较陈旧，伴随城镇化的不断发展，农民对宅基地的需求不断增加。

随着城镇化进程的不断推进，大批农民离开了他们赖以生存的土地，搬到了城镇居住。农民搬到城里是为了过上更好的生活，但离开了土地的他们收入并没有太大的提高，较低的收入使得他们难以维持城市较高的生活成本，因此农民财产性增收对于提高农民收入至关重要。而出让农民住房财产权所获得的收入作为农民财产性收入的重要部分，解决好农民住房财产权抵押、担保、转让问题就变得尤为重要，因为这解决的不仅仅是住房本身的问题，还和宅基地有着密切联系。宅基地是我国的特有概念，即只能由本集体经济组织的成员申请，用于自住，不能建商业住房，简单来说就是"自有的土地、自用的建筑"。必须遵循一户一宅原则，宅基地面积由各省级人民政府规定，大小不等。

当前我国农村宅基地的功能已远远超出自住的范围，这在大城市郊区尤其能得到证明，比如，在北京郊区农民的宅基地除了居住功能、生产资料的功能、财产功能、环境功能等外，已延伸到对外出租、出售、经营农家乐等方面，而与此同时农民对自己的宅基地却仍只是享有使用权和过分限制的收益权。农村宅基地归属集体所有，农民只是拥有使用权和极其有限的收益权，而这种收益权的实现不仅受到法律法规的限制，同时也受到区位的影响，农民对自己拥有宅基地的权利很不明确，其权利的内涵及其延伸出的可换算的价值也就不明确了。

目前，土地是农民最重要也是最主要的财产，但是由于其产权的主体不明确，其产权内容也不甚明了，使农民在处置财产权上受到很大限制，导致农民的土地财产难以确保和增加。按照物权法的规定，如果住房要进行抵押、担保、转让，所占土地是默认共同抵押转让的，而这又和宅基地现有的规定有所冲突。因此现有的农民住房政策存在很多问题，具体表现在以下方面。

1. 现有农村宅基地制度亟待改善

众所周知，农村宅基地的转让、抵押、担保等财产权，长期缺乏执行层面的规定，现行的宅基地管理制度妨碍了农民对财产权的保护。截至目前，中国尚未有全国性的关于农村宅基地的统一规章，根据目前的法律框架，包括农村宅基地在内的农村集体土地均不得用于抵押或担保，农民虽然享有宅基地无偿使用权，但村宅基地为集体无偿提供，所有权归集体所有，而且没有任何相关法律及法规指明宅基地使用权的使用期限限制，故造成了农民对宅基地使用的不稳定性，也不能给农民带来可预期收益。而《担保法》的相关规定，实际上也并未赋予农村宅基地完全的财产权。同样现行的《物权法》也规定农民对宅基地只有占有和使用的权利，没有明确转让处置的权利。

2. 农民针对土地的收益权难以确保

因《土地管理法》的有关规定，农民在土地被征用后，能够得到一定的补偿，但实际上由于征地部门肆意压低土地价格、征地补偿标准不统一、农民所获得的征用补偿费用较低、征地单位和农村集体肆意克扣农民的土地补偿款等原因，不仅不能确保农民土地收益权利，反而导致农民土地收益被不合理侵占，农民土地承包权和使用权日益丧失，看似农民一次性得到了相应的征地补偿，但实际得到的远远不能达到农民良好生存需求。

3. 农民土地产权很难自主

土地作为农民最重要和最主要的财产，尤其是针对宅基地使用权限。由于产权主体不清晰，产权内容不明确，导致农民不能完整得到土地所有权，而是权力主宰土地所有权。《土地承包法》规定"农村土地所有权归农民集体所有"，现阶段，实际掌管集体土地所有权是村民委员会，它仅是一个社区自治、自组团体，而并非集体经济组织，其并不具备作为产权主体的法人资格，这也就为农民失去完整的土地所有权埋下了伏笔，使得农民权益受到不法侵犯，或是受到来自于公权的不当侵占。

现阶段在农村，村民委员会这个非集体经济组织代表了"农民集体"，这就使土地流转过程中，相比地方政府和村集体组织得到的，失地农民只能得到微不足道的收入和补偿。因这些不动产缺乏相关权证，农民作为个体，无权对农地、农房自由买卖，也因此其市场价格被严重低估，致使农民财产性收入过低。

由于农村人口不断增加，结婚生子等都需要新增宅基地满足住房的需求，但是由于近些年许多地方停止了宅基地审批，农村也没有多余的宅基地供应，于是出现大量违法、违规占用耕地建设住宅的现象，这些被占用的耕地一般都靠近公路（如国道、省道及其通往所在县城的公路），造成耕地数量减少，严重威胁到18亿亩耕地红线的安全，损害了社会利益、整体利益、长远利益。

（五）18亿亩耕地红线

中国作为世界人口第一大国，用了7%的耕地养活了世界19%人口，成功解决了近13.5亿人的温饱问题。应该说吃饭问题是每届政府都要面临的基本问题，是不允许出现任何闪失的基础问题。因此保障粮食安全，保障粮食的数量和质量安全就显得尤为重要。粮食安全的最基本保障是保护农村耕地的数量和质量。中国是一个耕地资源严重不足的国家，人均耕地仅 1.4 亩，不足世界人均水平的 40%。随着我国工业化、城镇化进程的不断加快，为了追求经济的快速增长，许多地产商的大量开发都对土地需求大幅增加，这就导致了，在我国未来的城镇化发展中，土地稀缺的供需矛盾会一直存在。尤其这几年耕地面积的大幅减少，为我们敲响了警钟，如果这么持续减少下去，后果不堪设想。因此必须竭尽一切努力守住 18 亿亩耕地红线。在耕地的一步步流失减少中，存在很多问题，比如在耕地上的违法建筑就是其中重要因素。具体表现为以下五点。

1. 违法占用耕地

目前随着全国城镇化进程的不断加快，存在着大量虽然是合法审批项目，但却违法占用优质农业用地和耕地的现象。这些项目在最初立项时是以建设生态园区、农业园区、农业试验基地等类目进行申报的，而国家对于这类项目的审批支持幅度较大，一旦项目经过审批后，在项目实际执行中，很多立项单位仅仅是利用很少的园区土地来建设园区配套用房，而将大部分土地用来建设商品房并进行出售，甚至有个别的项目单位直接在审批通过后直接将项目改作房地产开发，这与最初的项目计划严重不符，这就使得他们在占用农民耕地时大大降低了开发成本，开发商从中获取大利益，却侵犯了农民土地收益权的合法权益，更在一定程度上大大减少了国家耕地。

2. 占用耕地，违法建设房屋

现在在许多农村地区都存在这样一种情况，由于一些村干部受教育程度并不高，不具备一定的法律知识，他们认为在自己的土地上盖房子是合法的，因此他们为了追求自身利益，在没有经过合法审批程序的情况下，与农民私下讲好条件，便占用农民耕地，与不法开发商合作，允许在所占耕地上进行房地产开发并进行销售，而在经济利益的驱使下，农民在村干部与其商量的条件时，只要他们得到的占用所得收益高于耕种收益，他们大多都是愿意的，耕地就是在这种无矛盾中进行流转的，但他们不知道的是他们这样做是违法的。

3. 许多项目未经审批直接建设

很多企业在立项之初是通过合法手段进行申报审批的，但由于我国现存的审批机制不健全，导致很多项目审批程序复杂、审批时间久、办证难等问题，这也无形中增加了违法用地建设，只是很多开发企业在未经审批的情况下，进行项目建设开发，这也造成了不法占用耕地的情况。

4. 临时建筑未及时拆除，临时占用耕地变为永久占用耕地

当前，我国存在许多由于历史遗留问题造成的临时使用建筑，这些建筑最初建设的目的是为了醒目建设而临时短期使用的，按规定，这些项目应该在项目完成后立即拆除，但由于很多历史原因，这些建筑并未进行及时拆除，而是挪作他用，继而就将这些原本是临时性占用耕地转变为永久性占用。

5. 行政区域缺乏合理规划，违法建筑无人管理

在农村存在一种耕地地块隶属关系不明确的情况，有许多耕地在国土规划上属于一个地区管理，但其行政关系却隶属于另一个地

区管理，这样就导致了这些隶属关系不明确的地区处于无人管理的状态，许多违法建筑也就因此长期占用这些耕地。

三、解决新型城镇化进程中土地问题的对策

不断加快推进我国新型城镇化进程是当前乃至未来很长一段时间我国经济社会发展的主要工作，根据前文对当前土地问题的分析，要想解决这些土地问题无疑是要解决土地利用、土地流转、土地管理机制及法律法规等方面的土地问题。城镇化进程中的土地问题是由这些问题交叉造成的，因此我们要从发展的角度看问题，必须全面衡量各项制度与政策及法律法规间的相互协调，用以构建一套完整的土地政策体系，以保证其整体土地效益最大化的实现。必须在严格执行土地利用总体规划和主体功能区建设规划的基础上，积极完善土地管理制度、积极协调土地利用的行政性管理和土地资源的市场配置机制。总的来看，新兴城镇化建设过程中的这些制度的制定一定要与当前我国经济社会发展的需要一致，因此，解决这些土地问题应充分发挥政府对市场的调节作用，将合理的市场调节机制作为合理利用土地的重要手段，同时积极完善土地管理机制和健全法律法规。

（一）土地利用方面的对策

1. 建立完善的土地利用规划体系

土地资源稀缺，如何利用有限的土地资源创造利益的最大化是当前全世界都要解决的重要问题。尤其是像我国这样一个疆土广大

的国家，更是应该对土地进行合理的开发利用，要充分结合经济社会的发展规划、国土整治和资源保护的要求、土地供给需求这些条件，对土地进行合理的规划利用，尽量避免土地资源的浪费。这就需要在城镇化建设过程中把控好土地合理规划对整个城镇化发展的作用，尽量在节约用地的同时，加大土地整改力度，促进农村人口向城镇集中，村镇企业向工业园区集中，转变耕地模式。土地的总体规划和利用应当遵循建设用地规模不得超过土地利用总体规划建设用地规模的原则，城乡用地的总用量应遵循农村居民点整理补充耕地大于城镇建设所占耕地。在完善土地利用规划时，应建立协调统一的城乡规划体系，避免城镇土地在开发利用时忽略农村土地对其的制约因素，防止城镇规划过分追求向外扩展的模式。

2. 加强农地保护，提高土地数量和质量

在对生态环境保护最大化的条件下，应尽量保证土地数量和质量的双重提高，保证土地质量的和数量的双重平衡。首先，国家相关部门应出台合理的土地整治标准，使土地数量和质量的提高有章可循。其次，应加大对增加耕地的地力鉴定，反对经鉴定认为不适宜用作耕地的土地，政府应严禁对其投资开发。最后，凡是在土地整理过程中，用作补充耕地的总生产力与已占用耕地是不对等的，政府部门也应在验收时对其不予验收。

由于城镇化建设导致城镇土地规模失控，这就导致要在保证必需用地的前提下，严格控制土地建设用量来控制土地总量，这不但需要严格的土地建设用地申报审批程序，更需要通过科学的方法对土地进行总体的利用划分及规划，以控制城镇规模的有序扩张。为了防止在城镇化发展过程中出现为了刻意提高城镇化发展速度、盲目提高城镇化建设水平和认为扩大建设用地，而罔顾当地经济发展水平和资源环境承受力的行为，还应当建立健全包括行政、经济和法律在内的农地保护机制。

3. 科学规划，加强土地资源集约利用

节约利用土地是推进城镇化发展的首要前提，土地的集约利用需要科学合理的总体规划布局。城镇化进程中应当严格控制城镇建设用地的开发、耕地的大规模占用，应积极解决城镇化建设用地的供需矛盾和努力提高城镇建设用地的利用效率。引导大中小城镇协调发展，避免过于注重大中城镇的发展而忽略了对小城镇发展的规划，从而出现土地城镇化快于人口城镇化问题。提高城镇土地节约利用，将现有城镇存量土地盘活，加强对现有建设用地的深度立体开发，对于城镇废弃闲置的建设用地和利用效率低下的土地进行重新整合规划开发，用以充分提高城镇土地利用率。积极探索节约集约的城镇用地模式，充分发挥土地的基础性作用，建立完善的征地补偿机制和合理的土地转让价格机制，运用价格和税收手段来控制城镇用地，从而更好地抑制由于城镇化进程的加快耕地数量的流失和耕地质量的下降。

城镇化进程加快的同时应尽量节约用地规模。随着工矿业和交通运输业规模的不断扩大，也加剧了农村居民点的扩展和对非农用地的需求，而对于荒地开垦所增加的土地面积远远小于农用耕地减少的面积，人口的快速增长，更导致了人均占地面积的不断下降，这就更加要求我们合理节约土地利用率，珍惜我们所拥有的每一寸土地，在土地开发过程中，应尽量结合当地的土地资源环境状况，尽量减少对土地的利用和对耕地的占用。

（二）土地流转方面的对策

1. 完善土地流转的价格体制

完善土地承包经营权价格形成体系。首先，政府要加大对土地分级、分等的评估力度，建立完善的土地承包经营流转价格机制，为土地的走转改提供有力支持，在对土地流转价格进行科学评估的条件下，积极引入市场竞争机制，以实现对土地流转价格的合理定价，让市场在其资源配置中发挥主要作用。其次，要改变村镇集体对土地流转过多干预的现状，还给农民对自己土地的经营权，使农民能够在土地流转市场中根据需求自己确定土地转让价格，保障其自己的合法权益，使市场交易行为更加规范，充分发挥价格在资源配置中的作用，补充政府在土地流转过程中的缺位和越位，最终实现土地资源的优化配置。最后，完善土地承包经营流转信息体系，农村土地流转信息体系大致包括承包经营权交易主体、交易状况等，我国的土地流转需要土地承包价格信息的公开、透明，信息不对称不能使市场进行合理有效的资源配置，因此，政府必须要加强这一信息体系的建立，并且要及时地对这些信息进行公布、更新，以保障土地承包经营权出让方、土地承包经营权受让方能够得到及时准确的信息支撑。

加强土地流转管理制度建设。建立、健全规范化的农村土地流转管理工作制度和规程，建立和完善规范流转平台。明确界定土地使用权流转程序、补偿标准、收益分配等，规范土地流转合同。建立、健全土地流转服务体系，确保土地流转规范有序进行，如建立和完善覆盖市、县(市、区)、乡(镇)、村四级的土地流转管理服务体系，加快农村土地承包经营权纠纷仲裁机构建设等。

2. 完善农村土地流转收益分配体制

建立完善的土地流转的收益分配机制决定着土地资本化流转市场的成功与否。建立综合统一利益保障机制，引导土地产权流转一定走规范性、法制化的道路，是平衡各方的利益冲突和保障农民合法权益的重要途径。

要对参加专业农业生产合作组织的农民进行鼓励，以此提高农民对市场经济的参与程度；要对专业的生产合作组织加以扶持，建立更多能够保障农民利益的服务机构，这样才能保障农民在土地流转中的合法权益。我国农民群体一方面具有利益的一致性，另一方面也是利益诉求最分散、最多样化的群体，因此，在进行农村土地承包经营权流转时，农民应团结起来保障自己在土地流转经营中参与权、决策权和知情权等合法权益不受侵害，政府也应加强对农村地区法律法规的宣传力度，提高农民的法制意识；在有关土地承包权流转的重大事项上，要在农民统一投票决定的基础上进行村务公开，细化程序、细则，进行民主监督，保护其在承包土地流转中的利益。

3. 完善农村土地流转的控制体系

坚持土地流转自愿原则和有偿原则，坚决杜绝村镇集体强行征占农民土地的行为，尤其是针对在城镇化进程中所出现的强迫农民以土地换市民的情况，要更加严格控制，不允许任何组织强行流转农户土地，并适度缩小国家强制性征地范围，以法律法规明确界定国家强制征地权所涉及"公共利益"的范畴，极大地减小相关行政行为的随意性和不规范性。

农村土地承包经营权流转必须按照自愿、公平交易的原则进行。严厉打击交易过程中出现的暴力威胁、恶意购买等交易行为，以保护农民土地经营权的合法权益；对于农村土地承包经营权中可能出现的土地过度集中的问题，要加大对进入土地流转交易种植大户和企业的经营状况评估程序和资格审查力度；对于大宗土地的流转交易，要在相关部门的认证下建立审批登记备案制度；对于由于土地所处区位不同而造成的地租级差，要建立价格平衡机制，避免因土地的地租级差过大造成新的贫富不均；对于农村土地流转中所出现的纠纷问题，要建立相应的纠纷调解机制和监督机制，主要包括：民间协商调解、仲裁以及司法调解等。这些农村土地纠纷调解机制的建立，不但化解了由于土地流转引起的各种纠纷，同时还维护了农民土地经营权的合法权益和保障了农村社会的稳定。

4. 加强土地流转保障制度和失地农民的社会保障建设

应该尽快制定系列的土地流转保障制度，保证土地流转的实施和完成。如制定金融扶持政策，允许以土地做抵押进行金融贷款，在安排农资补贴时，对承包大户和龙头企业给予补贴资金、税收、技术指导等支持；在安排农业项目资金时，优先考虑农民专业合作社、龙头企业、家庭农场等新型农业经营主体。探索农村土地使用产权制度，激活集体土地的物权属性；建立全国统一的土地流转信息网络等。加快农村土地流转进程，土地是农民的命根子，土地流转之后，对于失地农民的社会保障必须重视。要为失地农民建立城乡统筹的社会保障体系：建立失地农民社会保障基金，明确失地农民社会保障的内容和标准，保证失地农民"生有所靠"，建立失地农民社会养老保险制度，保证他们"老有所养"；建立多元化的失地农民医疗保障制度，保证他们"病有所医"等。同时还要建立失地农民安置制度和再就业培训保障制度等，确保土地流出之后的农民社会合法权益得到保护。

5. 建立、健全农业经营服务体系

要想把各种现代生产要素注入家庭经营中，用以确保农业物质技术装备水平的提高、降低农民经营成本和推进农业生产市场化、专业化和社会化，就必须要建设高效的农业经营服务体系。依照现有的经验来看，只有将发挥农业专业合作社的依托作用和村集体组织在统一经营和服务方面的作用进行充分合并，说具体点就是，要大力扶持农民专业合作社，不断提高为农民服务的水平和能力，尤其是在组织农民和市场对接方面的，充分发挥其带动作用。促进生产、加工和销售有机结合，使之成为风险共担的利益聚合共同体和应对市场竞争的现代农业经营服务组织。借助政府引导和市场驱动，围绕农产品生产和经营的各个环节，不断加快包括信息、技术、购销、农机、运输、加工、储藏等多领域多类型的农业社会化服务组织的培育。

（三）土地管理制度方面的对策

当前我国城镇化发展向着城乡一体化的目标迈进，而土地改革则可以说是架起城乡相互交融的桥梁，为了确保在土地改革过程中农民的土地权益不受伤害，也进一步保证我国的土地安全及粮食安全问题，就一定要从根本上改变农村现有及正在运行的土地权属制度、土地集约利用率及土地流转制度。为了进一步推进我国新型城镇化建设，就一定要从根本上改变农村现有及正在运行的土地权属制度、土地集约利用率及土地流转制度，否则它将会制约我国新型城镇化发展的步伐。如果说城镇化是社会发展的必然趋势，是我国经济发展的必然结果，那么在城镇化过程中如何保护土地，充分利用土地是我国经济发展的核心问题。城镇化进程是一个长期复杂的过程，任何土地问题、改革变迁都不可能一劳永逸地解决问题，而土地改革应随着城镇化发展而不断与时俱进，实现资源的公平高效配置，土地管理制度革新、流转模式的改革、土地治理、集约化的经营模式、提高土地利用效率则是我们目前解决土地问题所要经历的必要途径和方式。

1. 完善土地征收制度

对于征地补偿，其前提必须综合考虑包括农民和政府在内的征地主体在征地过程中的权利、义务、责任和其所发挥的作用，并协调好分配增值所产生的收益，既不能以产值为主要依据来确定补偿标准，也不能将增值收益全部转移给农民，在分配形式上既可以以货币形式支付，也可以分配等值的易于变现的财产性资产。可采取以下两种方式：一是以集体建设用地所需的市场土地价格作为补偿依据。如在城市规划区外的纯农区，失地农民可以得到相当于第二产业、第三产业用地的地价补偿，利益关系比较平衡。而在城市规划区内，被征地农民除得到相当于集体建设用地地价的补偿，还可转变身份，变为城市居民，直接享受城市化的成果。二是完善政府征地补偿机制，但是由于农民因政府调整土地用途和土地开发而获得了超出自身土地投入的高额增值收益，故其需要另外缴纳相当额度的土地增值税，以税收的形式体现出政府调整土地用途所引起的增值份额。

因此一定要改变农民在土地产权交易中的市场主体地位，从根本上改变土地的不平等和非市场化交易格局。在建立完善土地征用补偿机制方面，提出如下几点建议。

第一，正确处理国家、集体和农民之间的利益关系。合理确定土地价格、合理确定农村土地所有权、使用权、经营权和收益权，保障农民财产性收入的增加，完善土地制度和政策。合理制定我国土地征地的改革方向。

第二，完善土地征地补偿制度的建立。明确土地补偿制度就是土地征用人为取得土地的使用权而应该给予土地出让方的一种补偿制度，作为一种基本制度建立起来。这种制度既要保证补偿土地征用带来的直接损失，也要考虑到土地失去方所面临的间接损失，保护公民的合法权益。因为土地征收意味着被征收人迁居他地或者转移就业等问题，会失去原有邻里关系，需要重新适应陌生的环境等，在精神上还是有一定的损失。

第三，目前中国的补偿标准一般偏低，新建立的补偿制度应当在四个方面做出调整：一是扩大补偿范围，二是适当提高补偿标准，三是建立合理的土地交易价格，四是增加补偿方式。例如，除了现金补偿之外，还可以给予就业机会、住房补贴、社会保障等方面的补偿。

第四，设立土地增值收益补偿金制度。在土地征用过程中，设立土地增值收益补偿金制度。使得被征用的土地产生的增值收益能够在政府、农民、开发商之间合理分配。保障农民也能获取土地增值收益。开发商可以赚取正常的开发利润。同时加大代征代拆力度，把旧村改造纳入开发成本。统筹城乡土地利用和规划，整体算账，综合平衡，加大代征代拆力度，促进区域整体发展。

土地补偿时间上可以一次性补偿到位，也可以先补偿大部分，然后每年根据土地增值收益情况，设立一个每年固定增加比例的方式逐年增加。比较合理的方式可以是每年交付土地补偿金，同时每年再按照一定比例递增的方式更好一些。

第五，推动土地征收补偿立法工作。通过土地征收立法这种方式，保证土地征收人与被征收人的参与权、知情权、申诉权。既保证了土地被征收人的权益，也确保了土地征收人的权益不受损害。双方在法律法规规定的范围内进行土地的征收和补偿等工作。

第六，对于失地农民的安置，要坚持加强对城市安置失地农民的保障，要完成失地农民身份上的转变，实现土地所有权与农民户籍的双重变更，将失地农民真正纳入城市经济生活，给予其充分的公民权，应把征地补偿费用部分转化为农民进城后的社会和生活保障。在农民就业方面，征地主体和劳动保障部门要协调权责，实现对农民就业的短期培训和长期服务，并加强监督监管。

2. 改革集体土地流转制度

第一，完善集体建设用地产权制度，明晰流转交易主体。根据集体建设用地的形成过程明确土地的所有者或产权人，在保障国家与集体必要产权要素的前提下，保护和强化农民的土地财产权是着力点和关键，应当进一步明确其权能，尤其是其作为村民集体这个虚化的主体概念中的实体存在，要赋予其对集体建设用地的按份收益权利。要简化农村土地集体所有权的主体结构，进一步将经济管理职能与村委会的社会管理和公共服务职能细化、区分。同时要完善集体建设用地的使用权及收益权，加强土地产权登记工作，明确土地产权主体，保障流转的高效性和安全性。只有在产权完善、主体明晰的前提下，才可以有针对性地开展不同主体下的集体建设用地的流转、合理进行布局、集约利用，进一步推进土地综合整治。

第二，完善城乡统筹的集体建设用地的流转市场。要建立城乡一体化集体土地流转市场，可以比照国有土地流转市场建立集体建设用地流转的一级市场和二级市场。在一级市场中，标明集体建设用地转让、出让的权利，允许其与国有土地使用权具有同等的效力以方便进行转让、出租、抵押及入股等，参照国有土地出让使用权的运行模式创建集体建设用地转让或出让的使用权，农户或其他农业生产单位可以获得集体建设用地转让（出让）使用权。农户或其他农业生产单位在不违反出让或租赁契约的前提下，在集体建设用地流转二级市场上将土地使用权转让或转租给其他土地使用者，这样可以使那些土地综合整治过程中需要集中调整利用的土地直接进入集体建设用地流转市场进行配置，村集体或农民直接通过租金等形式获得收益。集体建设用地流转后其价格将会大幅度增加，所以要建立起完善的增值收益分配机制，从而保障了农民的财产权，增加了农民资产性收入，尤其保证其按份额所得的权利享受。

第三，完善集体建设用地流转服务管理体系。政府要为城乡一体化的集体土地流转市场建立针对性的相关管理机构，完善集体建设用地流转服务管理体系，对流转工作进行规范和引导，搞好土地利用规划，提前明确某一阶段的土地流转信息并进行发布公示，防止出现无序、杂乱、随性的集体土地流转现象，要实现土地的可持续发展。同时政府要在流转市场中实现税费统一，建立完备的产权登记制度和其他保证交易安全的机制，实现集体土地与国有土地"同等交易""同地同权同价"。

3. 完善地籍管理制度

推动农村集体土地登记发证工作，进行全国范围内的地籍调查，可充分利用第二次全国土地调查所获得的准确、翔实的土地基础数据，对农村集体土地所有权、宅基地使用权、集体建设用地使用权等进行确权颁证，这样可以大幅度提高工作效率。当前我国已经开展过两次全国土地调查，但全国性的土地总登记工作还没有进行过，依照规定土地总登记工作应由县级以上人民政府组织实施，就目前情况来看，虽然已有不少地区（如北京市）已经开展或正在开展土地总登记工作，但仍有很多地方没有进行开展，因此，在全国范围内开展土地总登记工作是十分必要的，这对于全国土地登记发证工作也起到了极大的促进作用。

（四）推动宅基地改革和农民住房抵押、担保、转让等

如何调整改革目前农民的住房政策，推进农民住房的抵押、担保、转让等，增加农民住房等的财产性收入。

1. 赋予农民具有物权性质的土地产权

土地产权主体不明晰就导致了在征地过程中损害了农民土地权益，因此，国家要明确作为土地终极所有者的权能，各级政府也要依照国家法律法规所规定的，充分保护农民作为独立产权主体对其所拥有土地的使用权、继承权、收益权和流转权，当农民外出就业、举家搬迁时，对其所拥有的土地应允许流转和变现。

2. 发展农村土地股份合作制

目前，我国现有的农村土地制度要实现新的突破，新的土地制度的建立健全应与实际的经济发展要求相适应。这就要求我们要以尊重农民自主自愿为原则，在保障土地经营权不受损害的前提下，将现有的集体土地与村集体经营性资产一起折股量化，并合理划分社员股份，对经营收益按持股分红，或是把农民组织起来，集中现有家庭承包耕地成立"土地股份合作社"，实现适度规模经营，又或者是将农户土地承包经营权股权化，组建新的股份合作公司，对入股土地实行统一规划、开发和经营。

3. 将宅基地实行有限制私有

所谓有限制私有是指在城乡一体化的新型城镇化建设中，将用于农民集中居住点建设的宅基地实行私有，是这些农民对于所有用的土地也像城镇国有土地一样，有明确的固定使用的年限，在使用年限内农民可以对自己的宅基地进行抵押、担保、转让。同时，也对宅基地的面积和价格进行严格限制。

4. 改革完善农村宅基地制度

赋予农民宅基地上充分的用益物权，可以规范土地综合整治中对农民宅基地的处置，不管是征收补偿也好，还是通过其他形式的流转，都要涉及补偿问题，此时充分的用益物权就可以对照充分的承包经营权进行补偿，土地补偿按照预期收益的一定标准进行补偿，还包括地上建筑物、附着物的补偿、安置补偿等，甚至也可以对照农地征收制度的改革进行改革调整。

对现有的农村宅基地制度进行改革和完善，以保障农民宅基地的用益物权，并且要在试点改革基础上慎重稳妥地推进农民宅基地抵押、担保、转让工作，要对宅基地的使用标准和面积上限做出严格规定，坚决杜绝"一户多宅""一宅超限"等多占宅基地现象的出现。在符合规划和用途管制前提下，允许农村集体经营性建设用地进行出让、租赁和入股，使他们拥有与国有土地同等入市、同权同价的待遇，以完善农村产权流转交易市场的建立和推动农村产权流转交易的公开、公正、规范运行。

5. 完成宅基地使用权登记工作

《物权法》针对宅基地使用权具有主体的特殊性、取得的无偿性等特征，将其明确地从建设用地使用权中分离出来，规定它为一种独立的用益物权。因此，要想充分保障农民宅基地的用益物权，就要尽快地对农民宅基地进行确权颁证，同时也要注意。在对宅基地进行确权颁证时，应依法按照规定严把宅基地使用权登记关口，严禁出现通过登记将违法用地合法化的行为出现，尤其对于城镇居民在农村购买和违法建造的住宅是坚决不能为其发放土地权利证书的。

6. 建立农村住房抵押贷款长效机制，推进农民标准化住宅建设

在明确宅基地有限制私有、培育多元化的农村金融体系的基础

上，为农民提供增加房屋租赁收入的机会。扩展宅基地使用权权能，慎重稳妥地推进农民住房财产权抵押、担保、转让等，使宅基地使用权具备充分的物权权能，推动农户房产进入社会财产增值体系、信用体系、流动体系。金融机构抓好农民住房抵押贷款的试点工作，为资本进入农民居住点建设标准化打下基础。建立稳定的农民住房抵押贷款固定利率机制。尽快成立由政府主导的住房交易证券化市场，为住房抵押贷款一级市场的发展和二级市场的开辟创造条件。

（五）如何守住 18 亿亩耕地

针对耕地每年都在大幅度减少，耕地保护压力越来越大，必须想方设法守住 18 亿亩耕地红线。

第一，加大违法建筑的查处力度。建议各地相关执法部门和各地乡镇政府联合行动、联合执法，在充分摸清自己所管辖区内非法占用耕地并进行违法建筑的情况下，对其进行严格查处，要求这些违法建筑尽快拆除恢复耕地，恢复农田。

第二，加强农村宅基地管理，坚决制止违法占用耕地，严格控制耕地转为非耕地。各地政府要允分调查落实农村宅基地的发放情况，极大限度地维护农民宅基地的合法权益，不但要保证农民住有所居，又要对农民或开发商随意占用耕地建设生活工作用房的情况坚决制止。政府加大政策宣传力度，让更多农民认识到即使是在自己家承包的责任田内建设生活工作用房也是不允许的，是违法的。这就要求在全国各地加强对农村宅基地的管理，以防止部分开发商违法占用过多的农民宅基地，造成农民宅基地紧张，逼迫他们在自家责任田内建房，村干部们眼光应该放长远一点。

第三，简化规划审批手续，加大执法查处力度。各地政府在政策执行上，应该尽量简化完善建筑规划审批手续，以便于群众能够按照流程先审后建。同时，更要加大相关执法部门对于违法行为的查处力度，为国家牢牢地守住18亿亩耕地这条红线，不管是谁都要一视同仁，毕竟耕地关系着粮食安全，关系着十几亿人的吃饭问题。

第四，妥善处理好历史遗留问题造成的违法建筑。针对由于历史遗留问题导致的违法建筑，要进行具体情况具体分析，通过认真调研，进行谨慎处理，力争将这些违法建筑能够全部拆除或者迁移到其他非耕地上，将所占耕地退还。

第五，实施严格的耕地红线制度，确保耕地红线不被践踏。加强对土地"占补平衡"政策的落实，耕地实行先补后占原则。坚决执行对非农建设用地"占一补一"政策的落实，以更好地实现耕地的占补平衡。

第六，完善现有土地管理和行政管理机制，将二者统一协调，避免出现因无人管理而造成的违法建设真空区。更加要杜绝由于某个农村行政关系隶属于一个区域管理，而村里的土地管理权却归另外一个行政区管理的情况，这样会非常容易出现村庄无人管理的真空区域。

第七章 | 新型城镇化进程中农民再就业问题

当前，我国经济发展进入新常态，农业农村发展正经历深刻变革，党中央、国务院以科学发展观统领经济社会发展全局，按照统筹城乡发展的要求，采取了一系列支农惠农的重大政策，农业和农村发展出现了积极变化，迎来了新的发展机遇，扎实稳步推进社会主义新农村建设，必须坚持以人为本，着力解决农民生产生活中最迫切的实际问题，切实让农民得到实惠，充分地调动起农民的聪明才智和积极性。

城镇化是伴随工业化发展，非农产业在城镇集聚、农村人口向城镇集中的自然历史过程，是国家现代化的重要标志。从过去200多年国际城镇化的发展进程来看，城镇化为人的全面发展提供了巨大的潜在机会，包括促进经济发展和提高人民生活水平，推动公共服务的普及以及提高公共服务质量，推动社会治理的完善，缩小城乡和地区发展的差距等。但是这种潜在机会能否转化为现实，在很大程度上取决于政府公共政策的导向以及一个国家的土地政策、经济发展方式、就业、住房、社会保障等公共服务的供给及公平分配等。城镇化是现代经济增长的重要推动力，该如何推进城镇化，如何促进城镇化健康发展，值得我们思考。

十八届三中全会提出要完善城镇化健康发展体制，走中国特色城镇化道路，推进以人为核心的城镇化，推动大中小城市和小城镇协调发展、产业和城镇融合发展，促进城镇化和新农村建设协调推进。未来中国数以亿计的农业人口将进入城市，智能、绿色、低碳的新型城镇化道路是中国城镇化未来的发展方向。

我国自古以来都是农业大国，人多地少是我国推进城镇化发展的制约因素，我国耕地面积仅占世界7%，却要承载占世界1/5的人口。耕地资源的现状可概括为"一多三少"，即耕地总量多，人均耕地少，高质量的耕地少，耕地后备资源少。近年来，我国耕地资源在不断减少，从1996年到2004年中国耕地面积减少1亿多亩，年均减少1 000多万亩。近两年国家采取最严格的土地管理政策，年耕地减少量仍维持在400万亩左右，对于我国人均耕地面积来说，无异于雪上加霜。我国土地城镇化快于人口城镇化，建设用地粗放低效，一些城市无序扩张，追求马路宽、广场大，浪费了大量耕地资源，威胁到国家粮食安全和生态安全。目前，以转让、租赁、土地信托为代表的土地流转模式基本成形，建立公平、规范的农村土地产权交易市场，成为规范土地流转亟待解决的现实问题。

农村城镇化是我国发展过程中所独有的现象，因为中国走的是一条特殊的、具有中国特色的城镇化道路。2004年4月，国务院新闻办公室发布的《中国的就业状况和政策》白皮书指出："中国政府坚持走大中小城市和小城镇协调发展的中国特色城市化道路，统筹城乡经济社会发展，调整农业和农村经济结构，扩大农村就业容量，采取多种措施推动农村劳动力向非农产业转移，并逐步消除不利于城市化发展的体制和政策障碍，引导农村劳动力合理有序流动。"这一白皮书的发布，说明农村城镇化建设是解决农村就业问题的重要途径。坚持因地制宜的城镇化战略，使城镇化与农村就业有效地结合起来，城镇化大潮才能为我国经济发展提供源源不断的动力，从根本上才可能解决农民就业问题。

一、我国农村城镇化与就业现状

(一)我国农村城镇化发展状况

农村城镇化是指各种要素不断在农村城镇中集聚，农村城镇人口不断增多，城镇数量、规模不断增大，质量不断提高的过程。农村城镇化可以从广义和狭义两个方面理解：一种理解是狭义的城镇化，即城市化，这是关于这一概念的一般理解，也是人们传统意义上的概念。它是指农村人口转化为城市人口的过程。它包括乡村人口转化为城市人口，城市数量增加和城市规模扩大，人的思想观念、生活方式的转变等。另一种理解是广义的城镇化，它是指在社会生产力特别是农村社会生产力高度发展的基础上，社会生产要素包括人口、非农产业、资本、市场等社会要素，由分散的农村向现代城市集中并逐渐增长，农村生产方式、生活方式、思维方式和行为方式发生城市性的大变革，从而使全社会成员共同享受人类社会发展的物质成果和精神成果的过程。农村城镇化是以工业为主体的非农产业集聚发展的必然结果，是农村社会演进并通往现代化的一个重要过程，是传统农村向现代城市文明的一种变迁，是统筹城乡发展，全面建设小康社会的重要内容。

城镇化的核心是人口就业结构、经济产业结构的转化过程和城乡空间社区结构的变迁过程。城镇化的本质特征主要体现在三个方面：一是农村人口在空间上的转换；二是非农产业向城镇聚集；三是农业劳动力向非农业劳动力转移。我国是农业人口大国，长期以来，我国土地城镇化要快于人口城镇化。2000 年至 2010 年期间，我国城市建设用地扩张了 83%，但同期包括农民工在内的城镇人口增长 45%。随着城镇化发展，大量农业转移人口进入城市就业，"城市病"问题日益突出，表现为人口膨胀、交通拥堵、环境恶化、住房紧张、就业困难等，将会加剧城市负担、制约城市化发展。中央农村工作领导小组办公室主任陈锡文"两会"期间就城镇化问题发表意见：我国的改革从农村开始的，农村改革是从农业经营体制入手的，而农业经营体制改革是以保障农民经营自主权为出发点和落脚点的。早在 20 世纪 80 年代初，以家庭承包经营为基础、统分结合的双层经营体制已在农村普及，但改革的步伐并没有停止。在对农村集体土地明确所有权、稳定承包权、放活经营权的制度创新推动下，到 2014 年 6 月底，全国已有近 26% 的农户全部或部分转让了承包耕地的经营权，流转的土地经营权面积占全国农户承包耕地总面积的 28.8%。土地承包经营权的依法、自愿、有偿流转，使多种形式的土地适度规模经营在各地蓬勃发展起来。我国着眼于解放劳动力，极大地提高了劳动积极性和资源配置效率。我国城镇化转型发展的真谛，在于解放思想，在于创新突破，在于系统思考。不是复制城市，不是简单地解决就业，而是提供系统的制度保障；不是短期效益，而是长远效应。

十一届三中全会以来，我国农村非农产业异军突起，成为农村经济发展的支柱。农村非农产业的发展，有利于提高农民收入，扩大农民就业，优化了农村就业结构和农民收入结构，开创了中国特色的城镇化道路，推进城乡发展一体化的体制机制建设加快了农业现代化和农民增收进程。到2014年底，全国农村转移到非农产业和城镇就业的劳动力达2.74亿人，已超过务农劳动力的总量，其中到城镇就业的农村劳动力超过1.7亿人。这不仅为我国非农产业和城镇发展做出了巨大贡献，也为扩大农业经营规模创造了条件。2014年，农民人均可支配收入10 489元，其中39.6％来自工资性收入。

推进城镇化是统筹城乡发展的必由途径，其根本目的是在发展农村经济和农业生产的前提下，实行农村劳动力有序转移。近年来，国家采取了一系列政策，有效解决了一些农民工问题。但农民工离真正市民化仍存在不少突出问题，一是过去一些地方的城镇化，演变成了地产化、楼市化。一些基层政府受"土地财政"的驱使，打着推进城镇化和统筹城乡发展的旗号，擅自改变土地用途，大量侵占农业用地，个别地方违背农民意愿强行赶农民"进城上楼"。农民失去了土地就等于端了他们赖以生存的"饭碗"。二是农民工公共服务不完善，对农民的安置仅限于将他们"请"上楼，无法解决在城镇入户问题，不能真正平等享受城市基本公共服务和社会福利，农民无地可耕，无工可做。三是就业和劳动权益保障不充分，企业转型升级带来的挤出效应，使农民工特别是新生代农民工的稳定就业面临很大难题，劳动合同签订率低，劳动安全防护水平不高，恶意拖欠工资时有发生等。四是给农民的征地补偿明显偏少，使他们无法利用补偿开辟新的创业门路；无序的造城运动，不仅透支土地资源，也会造成资源闲置和巨大浪费。一些基层政府盲目进行城镇化建设，但相应产业未能实现顺利发展，从农民手中拿到土地，但没有从根本上解决农民就业问题，尽管土地城镇化给部分农民工创造就业机会，但缺乏可持续性。

（二）城镇化过程中农民进城就业状况

城镇化与工业化是密不可分的。我国城镇化是由投资引领工业化，城镇化跟随工业化展开，造成了城镇化落后于工业化的局面。它遵循的是：投资增加—产业发展—就业增加—人口集中—储蓄增加—城市发展—投资增加……这一发展过程保证了数以亿计的流动人口获得就业岗位，从而避免了一些发展中国家出现的大城市无序膨胀、贫民窟等严重社会问题。1992年，邓小平南方讲话掀起了中国经济改革的高潮，非农产业的发展，产生了对廉价农村劳动力的强烈需求，加快了我国农村劳动力的转移步伐，中国农村劳动力流动进入了一个高潮期。人口流动规模逐渐增大，主要表现为，一方面农业劳动力向非农业转移，另一方面大量农民向城市转移，需要注意的是，农民进城打工，并不意味着农业转移人口的市民化。除户籍和住房的限制外，主要原因还在于城里没有形成与农民工特点相适应的相对稳定的就业机会和就业保障制度，并没有真正地融入城市成为真正的市民。如果没有与城镇化相适应的稳定就业机会，即使通过户籍制度改革将农民留在城市，也可能会因为失业而变成城市贫民，这显然违背了城镇化发展的终极目标。随着我国制造业竞争力下降，农民工就业将面临巨大挑战。因此，创造稳定的就业机会，是推动城镇化的核心。

推进城镇化进程，创造稳定就业机会，需要政府制定相关的政策，通过制度变革，加强农民工基本社会保障，共享城市公共资源，随着中国的经济进入了新常态，GDP 的增长也会越来越多地依赖于国内的需求以及投资的更高效、更可持续的利用以及不断上升的劳动生产率，更需要经济体本身强大的内在动力驱使，大量创造稳定就业的机会，真正促使农民工向市民的有序转变。

二、新型城镇化中就业问题

过去三十多年来我国的城镇化取得了很大的成就，城市化推进的速度是较快的，2000 年我国的城市化率年均提高 1%，2000 年以后城市化率年均提高 1.3%，2012 年我国的城市化水平已经到了 52.6%，和发达国家相比还是有差距的。从长远来看，毫无疑问中国城镇化还是要推进的，问题是如何推进，以什么样的速度推进？这是需要我们思考的问题，当前这个阶段主要的矛盾不在于城镇化的速度快和慢，而在于城镇化的质量不高，很多人进了城以后实际上并没有成为完整意义上的城市居民，所以，当前阶段和今后一个时期我们推进城市化的主攻方向应该是提高城镇化的质量。

(一)城乡结构不协调

我国农村的现状是农村人口比重过大，人均耕地面积少，生产方式落后，生产力水平低，很难实现农业规模经营，农民人均收入增长缓慢，流入城市的农业劳动力整体素质和技能水平偏低，导致在城市难以就业或者收入低下，城乡结构不协调。

三中全会的决定明确提出，当前制约农村发展的最大的障碍就是城乡二元结构的体制，中央农村工作领导小组副组长、办公室主任陈锡文认为：要建立一种建立在以工促农，以城带乡，城乡互惠，工农互惠，城乡一体的体制，目的就是要让农民公平地参与现代化进程，能够让农民共同分享现代化的成果。

（二）城镇化规模落后

城乡分割的户籍管理制度，限制了农村人口向城市的正常流动。我国在 2014 年 7 月进行的户籍改革政策是一个里程碑性质的改革，但是显然我们还需要做更多的工作来不断地改善进城务工的农民工在城市中的处境，尤其是帮助务工农民提供更多的在城镇公平就业的机会，目前，我国大部分农民工在城镇就业仍然受到不公平待遇，比如，城市国有企业和集体企业很少从农村招工。

（三）社会保障制度改革滞后

在过去的几年里，我国一直在扩大医保体系的覆盖面，但是由于我国社会养老保险制度建立得比较晚，目前我国的就业、养老、保险、医疗等社会保障制度还存在一些问题，比如，基础养老保险受地域限制。要通过改革清除阻碍劳动力流动的制度障碍，保障农民利益不受侵犯，现在社会上仍有雇主故意克扣和拖延农民工工资等现象存在，直接影响了农民工的收入，为农村人口在城市就业设置了思想障碍。

（四）农村劳动力职业素质偏低，思想陈旧

调查显示，农民工学历均以初中毕业和初中未毕业为主，受教育水平较低，劳动技能不理想，只能适应简单的体力劳动，大多数没有过硬的技术。今后，那些规模较小、从事生产流通和服务的城镇第三产业，将成为农民就业岗位的主要提供者，农民工临时就业、短暂就业与流动就业的比重将有所扩大。

（五）农村人口快速增长

中国人口众多，农业人口的比重较大，农村人口自然增长率高于城镇人口自然增长率。我国实行的计划生育政策在农村并没有严格落实到位，实际上，农村非常明显地早就两胎化，这使得农村人口快速增长，剩余劳动力不断扩大。

三、解决农民就业问题的必要性

（一）农民再就业对农民自身发展影响巨大

1. 农民再就业决定了农民未来的生活质量

从目前中国经济实际出发，必须保持城镇化平稳健康发展。2015 年，城镇化是否平稳健康发展直接决定着宏观经济能否稳定。随着区域经济发展，城市化进程不断推进，2015 年是全面深化改革的关键之年，也是调整结构的紧要之年，在经济下行压力加大和新增长点不突出的情况下，实现城镇化的稳健发展，可以为深化改革和结构调整创造条件、争取时间。城镇化进程中，农民能否妥善就业，其重要性不言而喻。

　　土地流转收益低，我国现行征地安置政策的补偿标准，不足以预防失地农民的贫困，土地流转过程中增加的收益和土地原有市场价值，以及土地增值空间，并不能体现在失地农民的补偿中。调查显示，经济补偿和我国现行的补偿标准，即便及时足额给付了经济补偿，仅仅能够保证农民的短期生活需求，无法提供长远的生活保障。失地农民在短时间以后仍会处于贫困状态，无法恢复农民失地以前的收入和生活水平，这是我们推进新型城镇化过程中，应该提前考虑到的问题。

　　现行征地安置方式单一，征地后普遍采取一次性货币安置的方式补偿失地农民，货币安置的优点在于操作简单，农民心理上容易接受。即失地农民在一次性全额领取安置补助费后，自主择业，自行解决养老、医疗、失业等社会保险待遇，货币安置明显的缺陷是不利于失地农民尤其是大龄失地农民的就业。得到货币补偿金的失地农民，可能因注重眼前利益或使用不当，不利于解决就业问题。

　　2. 失地农民能否妥善就业关系着城镇化的发展命运

　　城镇化建设过程中涉及的土地流转等问题，使得失地农民生活方式和收入构成发生改变，随着土地大量被征用，非农企业难以拓展新的发展空间，解决更多的失地农民人员就业问题，绝大多数失地农民具有强烈的就业意愿和动机，为失地农民提供更多就业的机会，其脱贫效果可能最为彰显。针对不同地区失地农民的自身特点和具体情况，制定出符合他们自身优势的就业计划，合理有效地安排相应层次的就业，不仅会从根本上提升城镇化的建设质量，而且会成为广大农民开启城镇化生活的最好契机。

新型城镇化的未来发展前景如何，农民能否妥善就业，实质上已经成为城镇化建设成败的决定性因素。只有妥善解决在城镇化过程中失地农民的工作问题，才能让农民拥有长久立足的生存手段。在保证农民新生活不低于原来以土地为生的标准前提下，才能继续探索和实践提升农民生活质量的好方法和好途径，新型城镇化道路的开拓才能受到广大农民的拥护和支持。

3. 关系着全国农村富余劳动力的妥善安置

农村富余劳动力转移是实现农民增收，促进农村产业结构调整，建设社会主义新农村的重要途径，但其中也存在着劳动力转移组织化偏低、劳动力素质偏低、转移政策落实不到位、劳动力工作环境差且权益得不到保障等问题。新型城镇化建设的开展所带来的富余劳动力安置问题，无论是中央政府还是基层单位，都应重视和发挥农民劳动力的优势，向农村富余劳动力提供相应的公共服务。

(二)对新型城镇化发展进程的影响

1. 失地农民就业状况影响城镇化建设的速度和质量

在新型城镇化建设过程中，如何采取合理措施安置失地农民，提供更多就业的机会这些举措将成为新型城镇化建设的加速器。

劳动力聚集与产业转移之间存在着密切的关联。失地农民采用何种方式最大限度地参与到城镇化建设中来，直接决定了城镇化的建设速度。单纯地依靠吸引投资和项目，从根本上解决不了城镇化改造之后的发展问题，城镇化建设需要足够的劳动力，支持这些项目的长远发展，为实现城镇化发展目标服务。

城镇化进程中失地农民的就业层次，影响着城镇化建设的质量，在经济发展较好的东部地区，从事非农产业经营和劳动的农民较多。他们有多年的实际工作经验，已经摸索出一套实用的工作方法。一方面，让这一层次的农民群体继续从事他们擅长的管理或技术工作，提升他们投身家乡城镇化建设事业的积极性；另一方面，也能集中优势资源，降低培训成本。

2. 失地农民再就业影响农民下一代的生存方式

第一，文化和财富的传承发生改变。新型城镇化建设的推进，改变了原有的农耕生活，对于农民来讲，为下一代留下的文化和物质财富，也发生了质的变化。新型城镇化如何开展，征地后失地农民就业的就业问题，失地农民的社会保障机制，成为城镇化建设中需要探索和研究的重要课题。

第二，保障农二代受教育的权利。在一些经济欠发达地区，本地就业机会相对较少的情况下，失地农民会选择离开家乡到较为发达的地区谋求就业机会。如何保障打工农民子女受教育的权利成为城镇化推进过程中的棘手问题。这不仅是失地农民跨越以往生存模式的契机，也是城镇化健康有序发展的必经之路。

四、解决失地农民有效再就业的可行性建议

有学者认为，城镇化进程中失地农民就业主要面临两大问题：一是土地流转后，大量农村富余劳动力滞留在农村，缺乏政府引导，失地农民对未来没有明确的规划，需要政府给予安置和指导。二是城镇化建设过程中需要大量经过培训的、知识化、技术化的劳动力，

但目前显然没有成熟的培训机制，失地农民远未实现从农民身份向城镇居民身份的根本性转变。

（一）提供政策支持，建立失地农民的保障体系

政府要尊重市场规律，制定并运行符合我国基本国情和民意的各种失地农民群体帮扶政策，落实好各项支农惠农措施。发挥市场在农业人口市民化过程中的决定性作用，尊重农民意愿，引导农民进城创业就业；加强宏观调控，发挥财政的作用，建立健全社会保障体系和公共服务体系，让农民工真正平等享受城市基本公共服务。严格执行劳动合同法，规范企业用工行为，切实保障农民工获得劳动安全防护和按时足额获得工资等合法权益，实施积极的就业政策，鼓励服务业发展，促进就业。正确认识农民工问题。农民工进城务工经商是转移农村剩余劳动力的重要途径，也是工业反哺农业、城市辐射农村的重要途径。

失地农民的住宅规划与建设，解决失地农民的住房问题非常重要，住房是基本生活资料，同时也是资产，有可能带来财产性收入。应该按照市场规律和城镇化发展规律来制定和调整征用土地补偿政策，提高和加大失地农民在土地收益分配中的比例，政府在征地收益中安排出一定比例的资金，保障失地农民住有所居，甚至能够拥有财产性收入。

健全失地农民的最低保障体系，土地流转后农民的生活方式和收入结构均发生变化，如果进入城镇生活就业能力相对较差，政府应将失地农民纳入城镇居民最低生活保障体系，失地农民家庭人均收入低于城镇居民最低生活保障标准的，可以享受政府的城镇居民最低生活保障待遇。

完善失地农民的养老保障体系，农民失去耕地和原有住房以后，也就意味着失去了基于土地进行农业生产的生活，进入了现有的市场经济的大潮中，有就业能力的失地农民可以从事第二产业、第三产业，找到工作依靠其劳动报酬来生活，但是老年人的养老问题就会有困难。就目前而言，失地农民的养老保险机制并不完善，政府可以将失地农民和未被征地农民也纳入城镇居民的养老保障体系中，缴费标准可以根据当地的经济发展水平、发展待遇水平和支付能力确定，每年缴纳一定的费用，缴纳相应的年限后享受与城镇居民同样的养老保障。

(二)健全失地农民失业补偿机制

根据目前的城镇化发展速度，未来还将出现大量失地农民就业难问题，政府应按照统筹城乡的原则，完善相关征地制度，建立失地农民的失业补偿机制。在对失地农民的安置项目中，不单单是土地流转补偿，应增加失业补偿。补偿的标准可以参照当地的经济水平，确保失地农民不因为政府征地，导致无法维持基本生计，补偿时限的长短可以参照不低于城市失业人员领取失业保险的期限。

(三)建立失地农民就业安置制度

土地流转后，虽然农民能够获得一定的经济补偿，但失去了农民赖以生存的持续经济来源。在建立完善失地农民失业补偿机制的同时，政府应建立失地农民就业安置制度。失地农民的综合职业素质在市场经济条件下不具备竞争力，政府应积极引导，通过制度上的支持对失地农民进行帮扶，提供更多的就业机会，解决失地农民的就业问题。

（四）优化就业环境，构建城乡统一就业市场

土地流转后，农民身份"市民化"。失地农民身份的变化不仅是户籍方面的转变，关键在于失地农民的就业、教育、社会保障等方面能否与城市居民享有权利。建立和完善失地农民就业帮扶体系，关乎失地农民的顺利就业，更关乎新型城镇化建设稳步发展。土地流转补偿让失地农民短期内生活富裕，而完善的就业帮扶体系，则是长远发展的核心规划。构建可操作性强的就业帮扶体系，需要政府提供充足的培训基金，建立完善的保障政策，还需要充分的人力资源保障，形成人力、物力、财力共同构建的立体支撑体系。相关政府部门、社会机构和企业应当联手打造从就业信息收集、整理到发布的专业化服务平台，力求从形式到内容都符合失地农民的特点和需求，不断拓展就业服务功能，形成布局合理、功能齐全、多层次、多方位的就业服务机构，为劳动者提供各类及时有效的就业信息，为失地农民就业提供有力的帮助和支持。

各级政府要积极组织，对失地农民实行免费的职业服务指导，提供职业介绍服务，关心支持失地农民的就业与再就业，逐步清除各种不利于统筹城乡就业的制度和文化因素，消除影响失地农民流动和就业的各种壁垒，保护失地农民的合法权益，切实解决好农民进城后的职业培训、子女教育、劳动保障以及其他服务和管理，彻底打破城乡分割的二元就业结构，从全体居民的角度设置就业保障体系，逐步建立城乡劳动力自主择业、平等就业的就业机制，实现真正的城乡就业一体化。

（五）鼓励农民自主创业

加大对失地农民的关注程度，及时发现问题和机遇，积极鼓励失地农民自主创业，从事经商开店等商业活动，在政策允许条件下对自主创业人员在资金、税收、场地、收费等方面予以扶持，以减少他们的创业风险，增强自主创业的信心。根据各地区的实际情况，因地制宜、实事求是地开展特色帮扶，为失地农民开辟新的就业渠道铺平道路，对农业生产方面有特长的农户，积极为他们创造条件到农业园区、异地、基地继续从事农业生产，发挥他们的种植、养殖技能。政府应加大相应财政投入力度，引进和开展就业培训、搭建就业信息服务平台和权益维护体系等，鼓励农民积极就业，鼓励有一定经验的本地外出务工人员返乡创业，提供各类有利于个人创业的优惠政策，使更多的人加入到个人就业带动群体就业的行列中来。

（六）提升农民自身素质，适应城镇化建设步伐

土地流转后的农民不仅要关注征地补偿的发放，也要改变以往的传统观念，科学利用政府发放的土地补偿金。同时，失地农民要学会用发展的观点看待就业，正确认识自身优势和劣势，积极参加政府提供的培训和就业机会，提升自身的文化知识水平，提高职业素质和技能，增强非农产业就业能力。充分利用可以接触到的各类途径，提升自我素质和个人能力。

（七）大力发展民营经济，加快乡镇企业的发展

促进农村城镇化建设，加快经济和社会的发展，为农村劳动力提供创造更多的就业选择，加快农村产业结构的调整，大力发展城

镇第三产业，增强第三产业对农村剩余劳动力的吸纳力度。

农村富余劳动力转移的主渠道之一仍是乡镇企业。农村剩余劳动力转移，重点是小城镇。通过小城镇来转移，可提供低门槛、低成本的创业与就业环境。小城镇与农村的地缘关系紧密，农民进入小城镇付出的经济成本比进大、中城市要低，相对来说农民就业更为便利。

建设中国特色社会主义新农村，全面实现小康社会的历程中，伴随新型城镇化进程而出现的农民失地生存问题，影响目前我国农村走向小康的步伐，关注失地农民的就业现状，找出产生这一问题的原因，进而帮助他们实现再就业的顺利转变，具有重大而深远的理论和现实意义。

第八章 新型城镇化进程中农民财产性收入

改革开放三十多年以来，我国深化经济体制改革，围绕三农问题，出台了一系列强农惠农政策，我国农民收入稳步增加，生活水平不断提高，农民家庭财产规模和财产性收入随之逐渐增加，基本形成以家庭经营收入和工资性收入双增长为主导的增收格局。

随着城镇化进程的不断推进，更多郊区农村的农民离开了他们赖以生存的土地，搬到了城镇居住。农民搬到城里是为了过上更好的生活，但现状是离开了土地的他们收入并没有更多的提高，农民财产性收入总量较少，来源结构较为单一，财产性收入还没有成为农民增收的重要来源，较低的收入使得他们难以维持城市较高的生活成本。

现阶段农民的收入分为四部分：工资性收入（主要是打工上班的收入）、家庭经营性收入（主要是参与农业劳动）、转移性支付收入（主要来自中央政府采取的惠农政策、减免税收、增加财政补贴等各种资金）、财产性收入。财产性收入一般是指依靠家庭拥有的动产（如银行存款、有价证券等）和不动产（如房屋、车辆、土地等）所获得的收入（注：飞机、汽车、轮船等严格意义上是动产，但是考虑到

142

它们本身价格昂贵，价值较高，一般在按照不动产进行登记，所以属于准不动产）。它包括出租、出让财产使用权获得的利息、租金、专利收入等以及财产营运所获得的红利收入、财产增值收益等。通俗一点说就是农民存款的利息收入、各种理财收入、出租房屋收入、土地流转增值收入以及车辆租赁收入、各种贵重藏品增值收入等。

近几年，农民财产性收入虽然有了较大提高，但财产性收入增长还存在着许多制约因素，大多数农民家庭财产性收入增长速度慢、总量小、占比低，在一定程度上也导致了城乡差距、贫富差距的扩大，不利于扩大农村消费和提高市场效率。目前，收入差距一方面来自劳动收入差距，另一方面来自财产性收入差距。

十七大报告首次提出要创造条件让更多群众拥有财产性收入，即让老百姓的财富保值增值，让老百姓拥有更多的财富。财产性收入不仅是今后农民持续增收工作的难点，更是推动农村改革、实现城乡一体化发展新格局的动力，一是有利于促进共同富裕，同时更是加快推动农村城镇化进程的重要因素，因此农民财产性增收对于提高农民收入至关重要。"十二五"及今后一段时期，要促进经济增长由外需驱动向内需驱动转变，加快建设全面小康社会进程，亟须创造条件让农村居民获得财产性收入，使财产性收入成为农民增收的新亮点。

促进农民财产性增收，让农民获得更多的财产性收入，值得我们思考和探索。

党的十八届三中全会做出的《中共中央关于全面深化改革若干重大问题的决定》（以下简称《决定》）中提出"赋予农民更多财产权利"，

内涵丰富、新意十足、意义重大，引起了热烈讨论。《决定》中提出的深化农村改革方面的重大论断和政策突破，必将对我国农村改革发展产生重大而深远的影响，对于加快农民富裕奔小康具有重大现实意义与深远的历史意义。

在推进京津冀一体化进程中，城镇居民的收入来源主要是依靠工资收入，但远离城市中心的偏远地区农民的收入增加更多依靠财政补贴的转移性支付（主要是各类社会保障类资金）的不断增加掩盖了农民财产收入偏低的现状。那么随着经济改革的不断深入，增加偏远地区的农民就业机会，增加第三产业所占比重，让更多农民改变理财观念，增强理财意识，改变投资渠道过于单一的现状，让更多农民参与到投资理财、不动产交易和车辆租赁、住宅市场化经营中来，对于提升农民财产性收入具有十分重要的现实意义。

一、农民财产性收入现状

以北京市为例，20 世纪 90 年代以来，随着我国城镇化进程的不断加快，北京市城镇化进程也在快速推进中，从北京市城镇人口数量的变化也可以看到这点。由图 8-1 可见，在 2002 年到 2014 年这 13 年的过程中，北京市的城镇人口数量逐年递增，增速较快。到 2014 年北京市城镇人口达到 1 859 万人，占北京市常住人口的 86.40%。北京市已进入了城镇化高级阶段，城镇化水平与高收入国家相近，产业收入与高收入国家基本一致，城市功能也得到了进一步完善和提升。

单位：万人

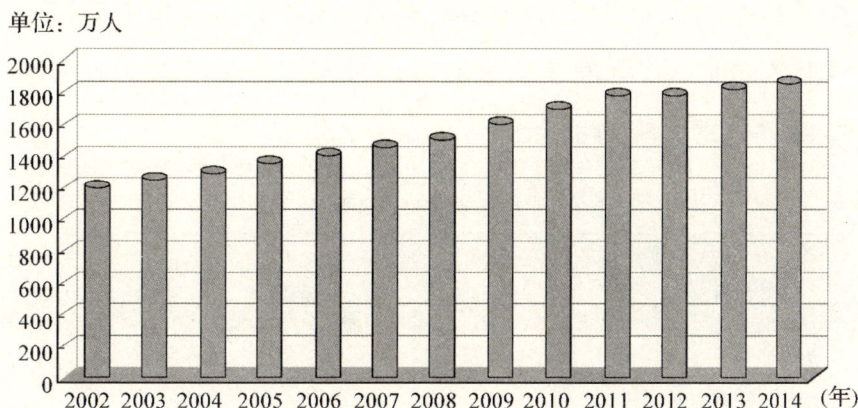

图 8-1　2002 年－2014 年北京市城镇人口数量变化

1990～2006 年间，我国城乡居民人均收入比由 2.2 倍扩大到 3.5 倍，导致城乡居民收入差距扩大的主要原因是财产性收入的差距，城乡居民收入增长速度的差距也在迅速拉大。土地作为农民最重要和最主要的财产和生产资料，具有经济功能和社会保障功能，使农民获得更多财产性收入的关键在于，一要坚持土地公有制及公有产权的性质不变；二要积极推动土地要素资本产权制度的改革，探索产权公有制新的实现形式，大力推行股份合作制的经营模式，建立统一、规范、公平的农村土地交易流转市场，充分发挥土地的增值保值作用，具有重大的现实意义。随着惠农政策力度的不断加大，以及农村产权制度改革的不断深入，作为农民增收的重要补充，拓宽农民增收渠道，增加农民财产性收入，解决好农民土地的流转、住房的抵押、担保、转让问题就变得尤为重要。

（一）农民财产性收入较低

调查数据显示，近年来，北京市农村居民的财产性收入增长缓慢。市统计局、国家统计局北京调查总队发布的统计数据显示（表 8-1），从近几年来看，北京市农民人均纯收入和财产性收入有较大的提高，但财产性收入总量很少，只是农民收入的补充，在一定程度上也导致了城乡差距、贫富差距的扩大。

表 8-1　京郊农民财产性收入增幅

收入(元) ＼ 年份	2011 年 1至8月	2012 年 1至8月	2013 年 1至8月	2014 年 1至8月
农民人均现金收入	11 463	12 919	14 372	15 838
农民人均财产性现金收入	1 104	1 284	1 560	1 835
占收入总数(%)	10	10	11	12

(二)农民财产性收入来源单一

农民财产性收入主要以土地出让、储蓄利息为主。目前，北京市农民除了银行存款和土地出让，获取其他财产性收入的渠道较少，收益也较低。在经济发达的首都近郊地区，农民还可以通过出租房屋给当地从事第二、第三产业的外地务工人员来增加财产性收入，而在远郊区县的农村，由于没有这种区位优势，获得房租的机会和收入就很少。这种情况不仅仅在北京市，在其他大城市像南京等也有类似情况。

(三)财产性收入对农民收入增长的贡献小

农民人均纯收入中，农民财产性收入贡献率低，也不太稳定。近年来，随着各项惠农政策力度加大，农村经济的快速发展，农村产业结构的不断优化。农民家庭经营收入稳步增长，政府也加大了外出务工农民培训力度，进一步改善了农民就业方式和就业结构，农民务工收入增长较快，农民收入保持了良好的增长态势，财产性收入也不断提高，但总量仍然偏小，对农民收入的贡献小。据北京

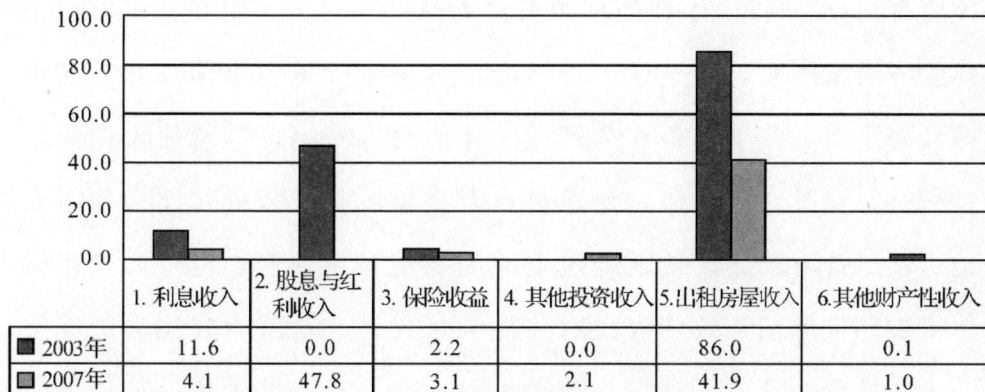

	1.利息收入	2.股息与红利收入	3.保险收益	4.其他投资收入	5.出租房屋收入	6.其他财产性收入
2003年	11.6	0.0	2.2	0.0	86.0	0.1
2007年	4.1	47.8	3.1	2.1	41.9	1.0

图 8-2　南京市 2003 年与 2007 年财产性收入构成对比(％)

市统计局调查，2013 年前三季度，北京市农民人均财产性收入1 706元，同比增长 23.3％，但对农民收入的贡献率仅 10.5％。

二、农民财产性收入增长存在的问题

以北京为例，近两年北京市农民收入在快速增长的同时，收入结构也发生了变化，财产性收入有所增长，逐步成为农民收入增长的亮点。但就目前情况来看，财产性收入依然存在着以下几个问题。

(一)法律法规不完善

部分法律法规条文不适应目前经济发展形势，措施不完善，导致农民财产性收入无法得到保障。

现有的相关土地法律法规之规定不利于农民财产性收入增加。

土地作为农民最重要和最主要的财产，由于产权主体不清晰，产权内容不明确，导致土地的市场化功能薄弱，农民没有完整得到土地所有权。《土地承包法》第二条中规定"农村土地所有权归农民集体所有"。现阶段，土地产权由村民委员会、村民小组和乡镇农村集体经济组织所有，但是村民委员会仅是一个社区自治团体，并非集体经济组织，并不具备作为产权主体的法人资格，这就使土地流转过程中，农民作为个体，缺乏对自有房屋的相关权证，而无权对农地、农房自由买卖，缺乏决定土地用途的自主权利，也因此其市场价格被严重低估，致使农民财产性收入过低，这就为农民失去完整的土地处置权埋下了伏笔，由于种种原因，在一些地方，征地补偿标准低、补偿费被截留挪用情况严重，严重损害了农民对土地的收益权。

另外，现在的《土地管理法》第二条和第四十七条规定，农民在土地被征用后，能够得到一定的补偿，但实际上在一些地区，由于农地流转不规范，征地过程不透明，征地部门操作不规范、征地补偿标准不统一，征地单位和农村集体肆意克扣农民的土地补偿款，农民获得征用补偿费很低，相比地方政府和村集体组织得到的，失地农民只能得到微不足道的收入和补偿，甚至还有部分开发商随意截留农民征地款等坑农害农现象，这不仅不能确保农民土地收益权利，反而致使农民日益丧失了土地承包权和使用权，农民应得到的土地收益被严重侵占，看似农民一次性得到了相应的征地补偿，但实际得到的远远不能达到农民良好生存需求。更有甚者个别农民由于征地而再次返贫。

现行的宅基地制度妨碍了农民对宅基地等财产的权益保护，处置权和收益权难以实现。所谓农村宅基地，是农村的农户或个人用作住宅基地而占有、利用本集体所有的土地。包括建了房屋、建过房屋或者决定用于建造房屋的土地，建了房屋的土地、建过房屋但已无上盖物或不能居住的土地以及准备建房用的规划地三种类型。众所周知，关于农村宅基地的权能问题，仅在《物权法》《土地管理法》中有原则性的涉及，但对于具体的管理办法，一直没有全国性的行政规章可做依据。在实践中，农村宅基地的转让、抵押、担保等财产权，长期缺乏执行层面的规定，现行的宅基地管理制度妨碍了农民对财产权的保护。宅基地是我国的特有概念，只能由本集体经济组织的成员申请，用于建设自住房屋，不能建商业住房。截至目前，中国尚未有全国性的关于农村宅基地的统一规章。根据目前的法律规定，包括农村宅基地在内的农村集体土地均不得用于抵押或担保，农村宅基地为集体无偿提供使用，农民虽然享有宅基地无偿使用权，但所有权却是集体的，没有相关法律明确规定宅基地使用权的使用期限，这在一定程度上造成农民对宅基地使用的不稳定性和使用期限的不确定性，从而很难给农民带来可预期收益。

据《中华人民共和国土地管理法》规定，农村的"宅基地和自留地、自留山属于农民集体所有"。该法同时规定："耕地、宅基地、自留地、自留山等集体所有的土地使用权不得用于抵押。"既然农村宅基地不能抵押，而宅基地上的房子又不能离开土地而单独存在，那么农村的房屋也不能用于抵押。我国《担保法》第三十七条规定："对耕地、宅基地、自留地、自留山等集体所有的土地使用权规定不得抵押。"房屋是特殊的财产，它必须是依附在土地上才能完整存在。抵押房子，实际上是连同承载房子的土地一起抵押的，这就必须有一个前提：抵押人必须对房子拥有完全的处置权，对房子附着的土地同时拥有可转让的使用权。城镇的商品房可以抵押，因为人们在购买商品房时，已经购买了房子的所有权和附着土地的可转让使用权，因此可以用于抵押。同时现行的《物权法》第十三章也规定农民对宅基地只有占有和使用的权利，没有转让处置的权利。那么农民的住宅和宅基地一样都不可抵押。

事实上，很多农民的宅基地都一直是几代人继承连续使用，很多农民一直都认为这是自家的财产，跟那些私有物品没啥两样，可任由自己处置。可当他们由于种种原因需要对房屋进行抵押、转让、担保时，才知道宅基地不能抵押、转让、担保。很多农民才明白，虽说这房子是农民的财产，可宅基地却不是私有财产，所有权归村集体，农民只有使用权，没有处置权。农民土地处置权难以实现。

在北京郊区的实地调查中，我们采访到的密云县河南寨镇套里村农民郑凤祥说："家里的私有物品、存款这肯定都是我家的私有财产，另外还有自家房屋、承包的大棚及大棚里的农作物，我觉得也都是我的财产。"按照这样的说法，郑凤祥觉得自己的财产权主要就是对应这些财产所拥有的相应权利。然而对应这些财产，郑凤祥发现自己所拥有的权利使用范围并不相同。家里的私有物品、存款及大棚里种植的蔬菜，郑凤祥既拥有所有权，也拥有使用权，用老郑的话说，那就是"能自己用也能往外卖"。但宅基地，郑凤祥就只拥有使用权，没有抵押和担保等处置权。

（二）农村闲置房屋问题

我们一起看看北京郊区密云的情况。我们对密云全县 17 个镇农村闲置房屋情况进行了摸底调查，共涉及有闲置房屋的 15 个镇 171

个行政村（密云镇、西田各庄镇无闲置房屋），总面积1 304亩，3 483处院落。调查显示，密云县闲置房屋主要集中分布在山区，占总量的80％左右。闲置房屋结构大多以砖木、石头为主，房屋完好率均在80％以上。

调查结果显示，农民个人闲置房屋占的比重最大，涉及院落3 450处，面积1 182亩，占总闲置房屋的99％，其次是集体所有权闲置房屋，涉及院落33处，面积122亩，仅为1％。

密云县闲置住房目前的使用情况又分为三种情况：一是长期无人居住、彻底闲置的约占80％。二是短期租赁：将房屋租赁给企业或开发商经营使用，农民从中收取租金的约占5％；以租金形式出租给个人居住的约占10％；三是以租代买形式，实质上长期租赁的约占5％。

在调查中发现，大多房屋闲置均在两年以上。闲置原因主要有三种情况：一是随着城市化进程的加快，农民进城务工经商人员逐渐增多，对住房的要求不断提升，纷纷新建或购置楼房，造成大量农宅闲置。二是农村建设用房小且居住偏远、生存条件恶劣，不能满足农民日益增长的生活水平的需求。三是继承父辈遗产，但大多居住在城里，也是造成房屋闲置的主要原因。

房屋的长期闲置势必对农民收入造成损失。这种状况也在很大程度上影响了农民财产性收入的增加。其实很简单，农民的闲置房屋不能合法上市交易，也没有市场可以让这些闲置房屋资源增值，无法得到合理利用，更无法给农民带来持续大量的财产性收入。与此同时，随着城市化进程的不断加快，农村住房大量闲置，不仅严重浪费土地资源，影响农民财产性收入的增长，而且有可能阻碍村庄的治理与发展，也影响了首都新农村建设进程。

表 8-2　密云县农村闲置房房屋调查统计

序号	镇	涉及村庄	闲置房产情况						
			院落	间数（含厢房）	住房结构	宅基地面积（亩）	完好率％	所有权（个人或集体）	村内基础设施情况
合计		171	3 483	15 664		1 304			
1	不老屯	13	274	1 156	砖混、石头	232	80	个人	完好
2	冯家峪	14	407	1 925	砖混、石头	211	95	个人	完好
3	大城子	22	544	2 624	砖木	196	80	个人	完好
4	太师屯	24	420	1 764	砖木、石头	121	60	个人、集体	完好
5	新城子	7	432	840	砖木、石头	107	65	个人	完好
6	高岭	14	347	1 685	砖混、石木	105	75	个人、集体	完好
7	北庄	4	55	224	砖木、土石	17	80	个人	完好
8	古北口	5	71	262	砖木、石木	17	80	个人	完好
9	石城	5	21	108	砖木、土木	7	80	个人、集体	完好
10	东邵渠	9	117	833	砖木、石木	46	80	个人	完好
11	巨各庄	15	288	1 216	砖木、石木	80	75	个人、集体	完好
12	穆家峪	9	60	244	砖石	14	80	个人	完好
13	溪翁庄	7	61	290	砖石、砖木	16	60	个人、集体	完好
14	河南寨	20	189	1 597	砖木、砖混	84	60	个人、集体	完好
15	十里堡	3	197	896	砖混	51	40	个人、集体	完好

（三）部分农民文化素质偏低

部分农民文化素质偏低，制约了其财产性收入的取得。北京作为首都来说，民众的整体文化素质很高，但是不排除少部分偏远地区的农民整体文化素质偏低，受基础教育时间偏短，少数农民九年义务教育未得到切实落实，甚至还有个别文盲，整个群体相对来讲缺乏良好的市场意识，少部分农民依旧守着传统农业不放，而投资理财行为本身是需要较高的综合素质的，无论对于投资者的基础文化储备、金融知识、风险意识、抗风险能力等，都有较高要求，显然目前部分农民距离这些要求还有差距，这在一定程度上也制约了农民对家庭理财的规划能力、财产的处置能力，限制了财产性收入的提升。

（四）农村金融发展缓慢

农村金融发展，一定程度上制约了农民财产性收入的增加。由于农村金融发展不平衡，农村金融机构少得可怜，农村金融服务供给不足，农民由于文化水平低，思想观念陈旧等因素，对市场经济认识不足，缺乏投资观念，很多金融理财产品并没有宣传、普及、销售到农村地区，农民的资金投资渠道狭窄，难以接触到金融理财产品，难以获得有效投资渠道，部分农民把握投资的机会和能力总体较差。农民难以通过投资获得收益，来增加财产性收入。

三、增加农民财产性收入的对策和途径

中央政府印发的《关于加大改革创新力度加快农业现代化建设的若干意见》中指出，当前，我国经济发展进入新常态，正从高速增长转向中高速增长，如何在经济增速放缓背景下继续强化农业基础地位、促进农民持续增收，是必须破解的一个重大课题。近年来，党和政府先后出台了一系列惠农政策，统筹城乡经济社会发展，加大三农扶持力度，促进农民增收，广大农民的生产积极性空前高涨，

农民收入有较大提高，为此建议进一步优化政策，推进农村经济体制改革，拓宽农民增加财产性收入的渠道，引导农民有效积累财富。

（一）完善立法

调整修改相关法律法规中不适应当前形势发展需要的规定条文，使其有利于农村经济的增长，农民收入的提高。

1. 尽快完善相关法律法规的配套政策，规范推进农村土地管理制度改革。加强土地征用补偿制度建设，保护农民权益

产权主体不清晰是造成征地过程中农民土地权益流失的根本原因，不断完善以《物权法》为基础的有关财产权的法律法规，不断强化对公民财产权的保护，尤其在土地征用、房屋拆迁等征用群众财产过程中，要确保群众的财产权利和财富增值权不受侵犯，使"让更多群众拥有财产性收入"的目标落到实处。各级政府应依照国家法律法规使农民成为独立的产权主体，让农户享有农村土地使用权、继承权、收益权、流转权，允许其所拥有的土地、住宅使用权流转和变现。

征地过程实际是一种土地买卖活动，是政府购买农村集体土地所有权的过程，是一种交易行为，而由于农民土地产权的不完整，农民在土地价格形成中并没有太大的发言权，正是这种在征地过程中土地补偿制度的缺陷客观上造成了农民土地财产并没有得到有效保护，也没有获得应当享有的土地增值收益。因而征地过程中，土地征用协议应明确规定各方的权利义务关系。农村土地征用中，由于部分农村干部文化素质偏低，法律意识淡薄，双方所签订的有关协议往往比较粗糙，土地征用或租用价格由双方自行协商确定，缺

乏一个统一的执行标准。涉及土地征用条款的规定比较简单概括，阐述不够明确，所涉内容不够全面。表现在对被征用土地的实际面积，四至规定不明确；土地征用款只规定总额而未明确标明土地补偿费、安置补助费、青苗补偿费、地上附着物补偿费等各个项目的具体数额；双方权利义务的规定比较模糊，无违约责任的相关条款规定；混淆土地租用与征用的概念等。一旦发生纠纷，双方各执一词，容易产生歧义，增加了解决问题的难度。要维护被征地农民的知情权、参与权、监督权和申诉权，逐步建立和完善征地补偿争议的协调裁决机制，合理确定征地补偿标准，为被征地农民提供法律援助。

我国要深化农村土地制度改革，有必要尽快建立起与社会主义市场经济发展要求相适应的现代土地制度。推进农村股份合作社改革，加大探索农民以土地、劳动力等形式入股，发展土地股份合作社。如：2013 年 1 月北京市住建委下发通知，决定在海淀区、平谷区、大兴区开展集体建设用地范围内房屋登记试点工作，7 月，海淀区房管局正式受理了北京市东升农商总公司提出的房屋登记申请，截至现在，已颁发 11 栋楼总计建筑面积 7.3 万平方米的房屋所有产权证，即中关村东升科技园。该项目是全国首个在集体土地范围内建设，由农民自主经营管理的国家级科技园，房屋产权登记对园区的招商引资起到了促进作用，同时园区还可以通过抵押贷款，缓解建设资金压力，从而推动园区及周边的建设。

2. 推进农村宅基地制度改革，赋予农民具有物权性质的土地产权，保护农民住宅以及宅基地的使用权、所有权、转让权，切实让农民在住宅和宅基地的转让中增加收入，出台专门的"留地安置"政策

农民的法定财产权利中，土地是最主要的要素。依法保护农民合法财产。首先要不断建立健全以《物权法》为基础的有关财产权的法律法规，强化对公民财产权的保护，尤其在土地征用、房屋拆迁等征用群众财产过程中，要确保群众的财产权利和财富增值权不受侵犯，使"赋予农民更多财产权利"的目标落到实处。

首先要加强宅基地管理，引导农民合理建设住宅，节约使用土地，切实保护耕地，严格控制宅基地面积上限，严禁多占宅基地现象。其次，对农村宅基地进行确权登记颁证，向农户颁发具有法律效力的宅基地权属证书，建立完善的宅基地使用权统一登记体系。再就是，扩展宅基地使用权权能，慎重稳妥推进农民住房财产权抵押、担保、转让，使宅基地使用权具备充分的物权权能，推动农户房产进入社会财产增值体系、信用体系、流动体系。

出台专门的"留地安置"政策。留地安置是指地方政府征地时，除了给予村民和村集体货币补偿外，按照征地面积的一定比例，返还给村庄的建设用地，用于安置被征地农民。在留用地上，村集体可以独立或与开发商合作，从事商业或工业开发，所得收益归村庄集体所有。

通过调研，我们认为可以参照大兴区西红门镇的实践经验。基本做法就是"283"，即 10 平方公里工业大院，给 2 平方公里合法的集

体建设用地指标，8 平方公里还绿，300 万平方米建筑面积。也就是
20％用于新增建设用地指标，发展集约化产业，80％用于绿建设。
当然各地也可以结合本地地价水平确定留地比例，通过绿化用地与
建设用地按比例进行置换开发的方式，从按人头补偿改为按"地头"
补偿，巩固集体经济发展。

（二）推进农民标准化住宅建设

第一，盘活闲置房产最终目的是增加农民财产性收入，农村闲
置房屋不但严重浪费土地资源，容易引发矛盾，而且还存在很多安
全隐患，严重阻碍村庄的治理与发展。可以按照以下方式解决。一
是拆除闲置房，适当给予经济补偿。针对农民闲置房屋且没有利用
价值情况下，鼓励农民新建房屋后拆除旧房，合理给予适当补偿。
二是改造闲置房，解决贫困户住房。政府可通过资金补助形式鼓励
危房改造对象购买闲置房，既能解决贫困户住房问题，又能使闲置
房得到合理利用。三是盘活闲置房，树立经营理念。引导农民转变
思想观念，成为会经营的新型农民，将闲置房屋改造租赁，发展农
家乐、乡村游等，在取得经济效益的同时，也能推进农村第三产业
的发展。

第二，优化配置农村土地资源，引导农民住宅建设按照规划，
逐步向小城镇集中，集中兴建农民住宅小区，加快农村住房改造建
设，改善农民居住条件、提高生活质量，促进土地节约集中利用，
增加农民土地增值收益，是加快新农村建设、推进城乡建设一体化
的战略举措。

加快农村住房改造，推进农民标准化住宅建设，一要坚持农民

自愿的原则。农村住房改造建设的投资主体、实施主体、受益主体是农民，必须充分尊重农民的意愿，尊重农民的首创精神。要充分考虑农民群众的承受能力，因地制宜、实事求是，量力而行，不搞强迫命令，不搞"一刀切"，坚决杜绝把农村住房改造建设搞成"形象工程"和"政绩工程"。二要坚持规划先行，有序建设，科学合理确定农村居住点数量、布局和规模。城建部门要认真研究、设计、推广多套体现农村山水特色、田园风光、生态韵味、不同户型的新型农民住宅适用方案，提供给农民选择使用。三要坚持严格管理，节约用地，严格控制村庄建设用地规模，引导农民合理用地，实现节约集约用地。积极引导农民转变观念，鼓励农民建公寓式住宅，降低农民建房成本。严格执行"一户一宅、建新拆旧"政策，充分利用空闲地，荒地荒坡建房，严格控制占用农用地和耕地。

农村住房改造，推进农民标准化住宅建设可以借鉴密云县不老屯镇史庄子村以及石城镇黄土梁村的成功经验，以密云县不老屯镇史庄子村为例：2009 年，该村结合泥石流搬迁政策，全面启动整建制搬迁新村建设。为全村 148 户每户建造面积 133 平方米别墅，别墅采取欧式风格，四室两厅两卫一厨，完全符合现代住宅的宜居格局，2011 年底，全村 148 户全部搬进新居。2012 年村里成立民俗旅游专业合作社，按照"一个民俗村就是一个乡村酒店"理念，引导农民依托本地资源优势，鼓励发展民俗旅游业，目前已发展民俗户 20 户，每户年接待游客 200～300 人，户均增收入 6 万元。

总结完善密云县等地农民住房建设管理经验做法，探索闲置农民住房有组织的盘活利用试点，发展符合乡村功能定位的产业，积极争取国家试点，稳妥探索推进农民住房财产权抵押、担保、转让试点工作，支持在条件具备的小城镇或新型农村社区规划建设安置房，改善农民居住条件，逐步建立完善住房困难农民的住房保障体系。

(三)开展农民职业技能教育和培训

积极开展农民基础知识普及教育和职业农民技能培训，提高农民素质，为农民增加财产性收入提供知识和技能保障。经济学家张五常曾说：没有任何资产能比知识资产来的稳定可靠，而不像土地，只要愿意付出代价，知识资产是取之不尽用之不竭的。他提出要通过电视等多种媒介大量地向农民廉价供应知识教育。农民知识教育的重点包括两个方面的内容：一是大力发展农村职业教育；二是加快发展农村义务教育，中央财政要加大对农业基础教育的转移支付，全面提高农民素质。

积极发展农业职业教育，着力培育新兴职业农民。发展现代农业必须培育培养现代职业农民。全面推进基础教育数字教育资源开发与应用，扩大农村地区优质教育资源覆盖面。要根据农村人口老龄化、青壮年农业劳动力紧缺的情况，把培育现代职业农民提上发展现代农业的重要日程，出台相关优惠政策，吸引青壮年农业劳动力从事农业，加强对农业从事者的职业培训，全力造就一批能够担当农业现代化重任的职业农民队伍。

政府应积极引导有技能、资金和管理经验的农民工返乡创业，促进就业创业，向有创业潜力和初始创业意愿的农民提供创业辅导和培训，提供创业补贴和创业服务。落实定向减税和普遍性降费政策，强化保障帮扶，降低创业成本和企业负担。优化中西部中小城市、小城镇产业发展环境，为农民就地就近转移就业创造条件。发展村级集体经济，提高农民整体收入水平。

（四）推进农村金融体制改革

推进农村金融体制改革发展，要主动适应农村实际、农业特点、农民需求，不断深化农村金融改革创新。综合运用财政税收、货币信贷、金融监管等政策措施，创造良好的投资环境，推动金融资源继续向"三农"倾斜，不断增强农村金融服务能力，确保农业信贷总量持续增加、涉农贷款比例不降低，切实提高农民财产性收入。

"农村经济发展"的根本是增加农民收入，改善农民生活。农村基层政府的首要任务是大力发展农村经济，创造更多条件让群众拥有财产性收入，大力发展第二、第三产业，引导农村富余劳动力向第二、第三产业转移，引导农民通过发展农业产业化经营，带动农村特色种植、特色养殖、农副产品精深加工业和劳务经济、第三产业等增加财产性收入。

党的十八大报告在以保障和改善民生为重点部署社会建设时，鲜明提出要千方百计增加居民收入，"努力实现居民收入增长和经济发展同步、劳动报酬增长和劳动生产率提高同步，提高居民收入在国民收入分配中的比重，提高劳动报酬在初次分配中的比重"，让更多农民拥有更多的财产性收入，劳有所得，这是我国收入分配制度的一项重大变革，农民的收入结构多元化，一是要搭建投资平台，建立有利于农民投资的渠道，引导农民积极、稳妥、合理投资，减少投资的盲目性；二是要深化收入分配制度改革。党的十八大报告指出，"实现发展成果由人民共享，必须深化收入分配制度改革"，要认真落实党的各项惠农政策，控制农资价格，降低生产成本，鼓励农民积极发展生产，提高农民收益水平。三是要提升农民的理财观，提高农民理财水平，引导他们不但通过储蓄、债券、股票、基金、保险、不动产投资等金融产品的投资获得股息、利息、分红，而且通过其他投资兴办第二、第三产业来使自己的财产增值，使他们逐步从存款保值向投资生财转变。积极推进《物权法》改革，进一步明晰农民的房屋、土地等所有权，使其成为可以在市场上抵押、转让、出售、出租的金融资产，土地流转后，不仅提高了土地综合利用率，实现了流转大户规模经营增收，而且促进了农户调整结构增收，有效增加群众财产性收入。

着力发展农村金融服务渠道，加快产品和服务方式创新，不断强化农民资金储蓄投资收入：一是增加农民存款利息收入，为农民获得存款利息提供常规服务。二是增加农民贷款收入，引导民间借贷健康发展。三是增加农民投资收益。

充分发挥农村住房的融资功能，建立农村住房抵押贷款长效机制，拓展农村地区抵押物的范围，满足农村地区多层次的资金需求，解决农村地区资金供求矛盾；有利于盘活农民有效资产，带动农民房屋资产的有效流动，拉动农村消费市场发展；有利于增强农民开展创业创新的信心，促进农民创业增收和农村经济繁荣发展。

建立农村住房抵押贷款长效机制，要从农村土地产权制度现状出发，坚持以下几项基本原则：一是政府推动，市场运作。切实发挥政府的引导、助推作用。应坚持市场化运作，以自主自愿、平等协商、公平公正、诚实信用为基础，充分尊重借贷双方的自主选择权，促成双方实现互利共赢。二是制度先行，规范操作。在开展工作前，要督促相关部门制定农村住房抵押贷款管理办法以及农村住房抵押登记管理办法等，积极建章立制，明确农村住房抵押贷款的对象、申办条件、办理程序、抵押登记、评估等相关操作规程、要求，切实加强管理，严格操作程序，确保试点工作顺利开展。三是以点带面，循序渐进。要选择若干经济较发达的中心乡镇、街道以及城乡结合区域先行开展试点，在积累成功经验基础上逐步推广，稳步推进。既要主动出台政策措施，解放思想、开拓创新，大胆实践、积极探索，加快实施步伐，又要实事求是，量力而行。四是务求实效，把握风险。要以解决农民生产经营资金需求、促进农民增收创业、推动农村住房改革和农村经济繁荣为宗旨，力求解决实际问题，见实效、出成果。同时，金融部门要加强与政府相关部门的信息沟通与联络，根据当地信用环境、城镇化程度、农民住房市场需求状况、农民收入和消费水平等条件，合理确定农民住房抵押贷款的试点范围、贷款对象、放贷规模，严肃信贷纪律，防止骗贷、套贷、挪贷，防范各类风险。以实现区域农村住房抵押工作的规范、稳健、可持续开展。

农业是国民经济的基础，我国有80％的人口生活在农村，农业、农村和农民问题关乎国家命运和发展前途。增加农民收入是解决"三农"问题的重中之重，千方百计地增加农民收入，是社会主义新农村建设的基本出发点和归宿，只有绝大多数农民都能拥有一定量的资产，并能不断地从土地、房屋等资产中获得财产性收入，才能缩小城乡贫富差距,让农民也能分享到改革的成果。因此要进一步完善体制,消除增加农民财产性收入中的制度性障碍,切实提高农民的财产性收入,更好的推进首都新型城镇化建设进程,促进京津冀一体化协同发展战略的更好实施。

第九章 新型城镇化进程中的社会保障问题

　　社会保障是保障人民生活、调节社会分配的一项基本制度。我国社会保障体系主要涵盖社会福利、社会保险和社会救助三个方面。社会保险主要指：养老社会保险、医疗社会保险、失业保险、工伤保险、生育保险等。社会福利主要指：假日、优抚、福利性津贴补贴、住房补贴及其他福利等。社会救助主要指：新型农村"五保"供养、城乡医疗救助、住房救助、教育救助、临时救助、城市居民最低生活保障、农村居民最低生活保障等。

　　2011年，《社会保险法》的出台为我国社会保险事业提供了法律依据。相对于社会保险，社会福利是更高层次的保障；社会救助则是最低层次的保障，承担"兜底"的责任。

　　截至2013年年底，我国城镇职工养老保险参保人数为3.22亿人（参保率达82%），城乡居民社会养老保险参保人数为4.98亿人；城镇职工医疗保险参保人数为2.74亿人；新农合参保人数为8.05亿人（参保率为98.3%）；失业保险参保人数为1.64亿人；工伤保险参保人数为1.99亿人；生育保险参保人数为1.64亿人（表9-1）。

表 9-1　2008 年～2013 年相关险种参保情况　　　　单位：万人

年份	2008	2009	2010	2011	2012	2013
城镇职工养老保险参保人数	21 891	23 550	25 707	28 391	30 427	32 218
城乡居民社会养老保险参保人数	—	—	—	33 183	48 370	49 750
城镇职工医疗保险参保人数	19 996	43 263	23 735	25 227	26 486	27 443
工伤保险参保人数	13 787	14 896	16 161	17 696	19 010	19 917
失业保险参保人数	12 400	12 716	13 376	14 317	15 225	16 417
生育保险参保人数	9 254	10 876	12 336	13 892	15 429	16 392

　　一个国家社会保障的核心价值取向应当是维护社会公平正义，实现国民共享发展成果，最终目标为促进经济发展。为此，需通过收入再分配，达到社会公平，进而达到较高的社会效率，使其国民经济稳定发展，并持续增长。但是，现行我国社会保障体系对不同群体人群在制度上存在较大差别。这种差别具体体现在城乡之间、企业与事业单位之间、不同省份之间，并且这种差异所造成的后果，往往是加剧社会保障制度各个覆盖对象之间已存在的相对不平等，有失公平，与促进经济发展的目标相悖。从社会保障的对象看，社会保障应该是包括城镇居民和农村居民在内的全民保障体系，"全民"不仅应当包括城镇职工，也应当包括城镇其他劳动者；不仅包括城镇居民，也包括乡村居民；不仅包括乡村中有缴费能力的居民，也应包括暂无缴费能力的居民。这就意味着，社会保障应当是一种普惠制的公共政策。

　　近年来我国城镇化率迅速提高，2002～2011 年年均提高 1.35 个百分点，2012 年达到 52.6%，同期社会保障制度也在逐步健全和完善。在城镇化加速推进、经济下行压力加大，以及部分历史遗留问题的叠加作用下，社会制度在保障水平、管理效率、可持续性等方面不断暴露新的问题和矛盾。

现阶段我们国家正在积极推进适度普惠型社会福利制度建设。2014年2月21日国务院发布了《社会救助暂行办法》。当前我国社会救助事务日渐紧迫和突出，社会救助制度亟待进一步规范和完善。如何把公民的生存权，尤其是困难群体的生存权法律化，并使其从应然转化为实然是我国社会救助制度建设的核心议题。

回顾我国社会保障制度的发展历程，1984年党的十二届三中全会通过了《关于经济体制改革的决定》，这标志了我国经济体制改革进入了以城市为重点、以国有企业为中心的时代。该决定在养老保险方面谋求自主经营、自负盈亏的企业改变养老保险自我负担和畸轻畸重的状况，实现轻装上阵、平等竞争。

1991年，国务院颁布了《关于企业职工养老保险制度改革的决定》，首次正式提出了建立基本养老保险与企业补充养老保险、职工个人储蓄性养老保险相结合的制度目标，从制度上正式确定了在全国重新实行养老保险社会统筹，并明确了企业与职工缴费的相关规定。

1995年国务院颁布了《关于深化企业职工养老保险制度改革的通知》，正式提出了社会统筹要与个人账户相结合，要求逐步做到对各类企业和劳动者使用基金统一制度、统一标准、统一管理和统一调剂的"四个统一"。然而，由于制度运行总体上还处于试点阶段，各地实施方法不一，因此存在制度不统一、企业负担重、统筹层次低、管理制度不健全等问题。

针对上述问题，1997年国务院出台了《关于建立统一的企业职工基本养老保险制度的决定》，要求统一基本制度，包括企业、个人缴费比例，以及待遇计发办法等。该文首次明确提出了建立全国统一的基本养老保险制度，这标志着统账结合制度的正式建立。

2014 年，企业职工养老保险总收入 2.33 万亿元，总支出是 1.98 万亿元，结余 3 458 亿元，累计结余 3.06 万亿元，这表明我国的养老金收支平衡面临很大压力，因此在这个城镇化和老龄化脚步加快的时代，就需要我们在客观、公正评估制度运行效果的基础上，从规范制度入手，逐步建构和完善社会保障体系，整体设计制度改革，明确各级政府保障责任，创新多元化社会保障模式。

我国的社会保障问题，主要集中在养老保险与医疗保险问题上。本章将主要针对社会保障体系中的养老保险，及一些社会福利、社会救助等其他方面保障项目，针对不同人群，进行讨论。第十章将讨论医疗保险针对不同人群的问题。

一、农村人口的社会保障

我国经济发展改革的历史经验表明，社会保障制度是促进市场经济发展的核心制度，完善的社会保障制度对市场经济的运行与发展起着重要的促进作用。社会保障制度的缺失，就意味城乡市场经济的运行缺乏一个完整有效的制度平台，其结果必然使农村劳动力、土地、资本等要素的市场化、城镇化进程面临一系列深层次制度约束，必然使市场配置资源的基础性作用难以发挥，改革发展的宏观环境难以理顺，经济社会发展也就难以进入良性循环之中。

{

由于特定的历史环境，新中国成立以来我国采取的农业支持工业，优先工业发展战略形成了人为建成的城乡二元的治理结构，并长期实施，使得城乡之间的差距不断扩大，城乡社会经济的二元性决定了社会保障制度的二元性。城市社会保障体系被比较完善地建立了起来，而农村社会保障体系的建立却始终滞后，农村社会保障状况令人担忧。此外，社会保障资源的城乡占有率也是存在巨大差距的，占人口少数的城镇居民享受多数的社会保障经费，而占人口多数的农村居民的社会保障支出仅占全国社会保障支出的少数份额。我国农村社会保障制度建设最大的现实就是旧的二元体系没有被完全打破，新的体系也没有建立起来，处在一个发展滞后和困难的状态。

（一）农村人口在社保方面存在的问题

1. 保障范围存在较大差异

从社会保险的种类来看，我国城镇的社会保险项目包括养老、医疗、失业、工伤、生育等，社会保险项目较为完善，涵盖现代社会保障制度的所有社会保险项目。而大部分农村的保险项目并不全面，只涉及最低生活保障与新型农村合作医疗制度，并未涵盖养老保险项目，养老保险制度只在少数地区试行，与城镇的社会保障项目和社会福利项目相比相差甚远。

2. 保障水平存在较大差异

截至2013年底，城镇职工基本养老保险参保人数为3.22亿人，参保率为82%。2008～2013年，参保人员年均增速约为8.04%，年末城镇就业人口年均增速约为4.83%，参保人员年均增速高于年末

城镇就业人口年均增速。2008 年以来，制度赡养比总体降低，2013
年制度赡养比为 3.01：1，即大约每 3 个年轻人赡养 1 个退休老人
（表 9-2）。

表 9-2　2008 年～2013 年城镇职工基本养老表现覆盖率、制度赡养比等变化情况

年份	年末城镇就业人口（万人）	参保人员（万人）	参保在职职工（万人）	参保退休人员（万人）	覆盖率（%）	制度赡养比（%）
2008	30 210	21 891	16 587	5 304	72	3.13：1
2009	31 120	23 550	17 743	5 807	76	3.06：1
2010	32 288	25 707	19 402	6 305	80	3.08：1
2011	35 914	28 391	21 565	6 826	79	3.16：1
2012	37 102	30 427	22 981	7 446	82	3.09：1
2013	38 240	32 218	24 177	8 041	84	3.01：1

注：5＝2/1；6＝3/4

据国家统计局公开数据显示，目前我国城镇和农村居民的收入
水平保持 3 倍左右的差距。2012 年，城镇职工人均养老金水平已达
2.09 万元，而农村人口的新农保仅为 859.15 元，两者相差 24 倍
之多。

（二）农村人口社保问题产生原因

1. 城乡二元体制影响

城乡二元经济结构是落后的传统农业部门和先进的现代经济部
门并存、差距明显的一种社会经济状态。新中国成立以来，我国为
了迅速走上工业化道路，政府用行政手段将城乡分开，以牺牲农民
利益为代价实现国家的工业化，形成了一套城乡二元体制。改革开
放以来，政府实行了一系列旨在促进城乡经济协调发展的改革举措
和政策措施，但我国城乡差距扩大的趋势在继续发展，城乡二元经

济结构的矛盾在趋于强化，导致城乡社会保障的差距越来越大。

2. 各级政府重视程度有待提高

在过去的 50 多年中，我国社会保障事业在农村却进展与城镇进展相比而言，较为缓慢。新中国成立后，城镇社会保障各项制度虽然日益完善，保障水平稳步提高，取得了重大的成绩，但农村社会保障却基本没有大的进步。这与各级政府对城乡社会保障的重视程度不同、制定政策措施不一有着密切联系。在我国宪法和相关法律中，在党和政府的相关文件中，城乡统筹的社会保障制度虽多次被提及，对于养老保险的建立也逐渐进入探索阶段，但是目前基本仍停留在理论探讨阶段，很多政策都没有付诸实践。

3. 缺乏对农民权利的重视

政府在城镇和农村的社会保障投入财力却有较大的差距。在市场经济条件下，我国农民面临的风险呈多重化、复杂化趋势，传统的家庭保障、土地保障功能不断弱化，农民对社会保障的需求日益强烈。而国家对农村社会保障体系的改善却进展甚微。因而，建设农村社会保障的问题上，制度缺失是表面现象，其背后所休系的是对农民权利的漠视。

4. 农民普遍缺乏社会保障意识

我国拥有悠久的农业文明历史，其依旧影响到今日的社会形态与农民意识。许多农民还存在这样的观念：自己的生、老、病、死都应该由家庭来负责。因此他们主要依靠建立在血缘关系基础上的家庭以及家庭成员的共济来抵御各种风险和灾害，实行家庭保障。直到今日，我国农村依然以家庭保障为主、社会保障为辅，家庭保障是农村保障的核心。家庭养老仍然在农村养老保障体系中处于主导地位，并在将在相当长的一段时期内，这种地位不会轻易改变。虽然这种自我保障模式与当前我国的市场经济体制不相适应，但长期的实践与传统文化的影响，使人们无法跳出这种传统的保障模式。符合市场经济体制的新型农村社会保障制度的建设，也因此受到极大影响。

5. 农民经济能力较弱

从全国范围来看，我国的农民整体经济能力较弱，虽然整体收入水平呈上升趋势，但仍有许多农民还生活在温饱线以下。2014年，全国城镇居民人均可支配收入14 959元，同期农村居民人均可支配收入5 396元，城乡居民家庭人均收入比为2.77。从恩格尔系数来看，2013年城镇居民恩格尔系数为35.0%，农村居民恩格尔系数为37.7%。农民的经济能力与城镇居民还有一定的差距。而目前我国农村社会保障的筹资方式为农民提供大部分资金，一些地区甚至未给予农村社会保障任何补助，要求农民承担全部的社保资金。在农民尚未达到富裕程度的情况下，没有政府强有力的财政支持，农民就没有参加社会保障的经济能力。因此目前一些社会保障项目在农村无法落实，其结果为农民不愿意参加，参保率低。

(三)农村人口社保解决对策

1. 制定全国统一社会保障政策

目前我国不同地区社会保障制度差异很大，使各地农村劳动力在跨地区转移时，社会保障账户调动起来较难，使得大部分农村劳动力无法享受稳定的社会保障。在没有全国统一的社会保障制度情况下，统筹城乡社会保障也会消耗巨额成本。因而，我国应在允许各地适当程度实施社会保险的不同性时，尽快实现城乡社会保障一体化，形成多层次，有重点，新老结合的格局。

2. 建立统一的社会保障体系

健全的社会保障体系是经济协调发展、社会稳定和谐的奠基石，因此政府要担负起建立健全社会保障体系的任务，加强社会保障监督委员会监督力度，尽量杜绝社会保障体系中管理不规范现象，逐步提高社会保障统筹层次，对收缴技术、收费标准、账户转移、养老金发放等方面做出统筹规划。

3. 加快建设农村社会保障制度

提高最低保障生活水平，加大农村最低生活保障的财政支出力度。因地制宜建设农村社会保障制度，在经济较发达地区，进一步扩大农村村民参保率和参保水平，逐步与城市保险制度相接轨；在经济较落后地区，采取家庭养老与社会保险养老相结合的模式，循序渐进提高社会保险参保率，提高社会养老化水平。在完善养老保险制度的同时，不断完善农村医疗保险制度；对于欠发达的地区，以加大财政转移支付的方式进行补贴和资助；对于较发达的地区，可试行与城市医疗基本保险进行接轨。

4. 健全社会保障信息网络系统

加强运用现代科技信息技术，提高社会保险基金缴纳、查询、支付、服务等业务水平，实现全国不同地区信息有效快捷流通，解决农村劳动力群体大、流动性高的问题，确保农村劳动力社会保险的稳定性、连续性。

二、流动人口的社会保障

随着全球经济一体化和国内外经济格局的逐步形成，中国正面临着两大经济转型：由农业经济转为工业和服务经济，由计划经济转为市场经济。伴随着这两大经济转型过程，各地区之间陆续出现了大量的商品、资金、信息、劳动力的跨区流动，大规模的剩余劳动力也受农村的"推力"和城市的"拉力"影响，发生了由农村到城市的"向心式"转移。

目前我国流动人口的社会保障制度严重滞后，生活状况令人担忧。欠完善的社会保障体系已成为影响人口流动和实现社会和谐发展的制约瓶颈。一方面，以农民工为主体的农村户籍流动人口，在城市或异地就业，既不能享受在流入地的社会保障权益，也不能为自己积聚相应的社会保障基金。因而对于他们而言，其实质是以放弃社会保障权益为代价，来获取有限的生活收益；另一方面，拥有城市户籍的流动人口，也因社会保障统筹层次不够，全国各地区之间社会保障制度存在的差异性，而出现了养老保险权益等受损的现象。只有个人账户转移的现行规定会使其养老保险权益直接流失，退保也会使得退保者权益受损。因此从整体来说，中国的流动人口均不同程度地遭受了社会保障权益损失，这种损失是个人生活权益积累的损失，进而成为构成整个社会风险的重要来源。

据统计，2014 年年末全国大陆总人口为 136 782 万人，比上年末增加 710 万人，其中城镇常住人口为 74 916 万人，占总人口比重为

54.77%。全国人户分离的人口为2.98亿人,其中流动人口为2.53亿人。

(一)流动人口社保存在的问题现状

1.签订劳动合同和参加社会保险率较低

根据调查,将近2/3(67.23%)的劳动者没有签订任何形式的合同,而只有约29.83%的雇员和雇主签订了定期合同;与雇主签订长期合同的仅占2.94%。缺乏劳动合同条款的约束和保护,雇员将在与雇主的博弈中处于弱势地位,社会保障权益难以得到维护,更多的服务和福利也就无从谈起。调查显示,参加了一种或几种社会保险的流动人口只占16%,而84%的流动人口没有参加任何社会保险。这说明绝大部分流动人口被排除在社会保障体系之外。无法享受相关的社会保障以及相关福利待遇(养老、医疗、失业保障等),社会保障问题亟待解决。

2.缺乏相关的社会保障

在目前遇到的最大困难方面,约有28%的人将收入太低排在第一位,其次是居住困难,排在第三位的是没有相关的养老、医疗、就业保障,这说明有相当一部分人认为没有相关的社会保障是目前遇到的最大困难,有9.64%的人将其列为目前遇到的最大困难,30.71%的人将其列为第二大困难,47.86%的人将其列为第三大困难。可见,有相当一部分人认为没有社会保障是当前面临的一个难题,是流动人口难以解决的后顾之忧。

3.缺乏基本权益的保障

我国大部分的流动人口权益得不到保障。如农民工等群体的工资被拖欠、劳动时间被不合法延长、劳动环境恶劣、缺乏必要的劳动保护和社会保险，甚至不能享受当地的最低生活保障，其子女不能平等享受当地居民子女一样的教育资源，更谈不上享受与当地居民一样的选举权与被选举权。2013 年，我国城镇职工月超时加班比例为 13.5%，同时，企业对职工加班后的补偿很不到位，获得加班工资的比例只有 51%。根据国家统计局的数据，我国领取工伤保险待遇的人数不断增加，2012 年已经达到了 190.5 万人，是 2005 年的 3 倍，这一方面是因为工伤保险的参保人数增加，另一方面说明了我国工伤发生率的不断提高，用人单位还没有给予员工职业安全以足够的重视，我国目前的职业安全卫生状况还有待改善。

(二)流动人口社保存在的原因

1. 就业身份多处于弱势地位

2013 年，全国累计城镇新增就业人员 1 310 万人；城镇失业人员再就业 566 万人，比 2012 年增加 14 万人；就业困难人员就业 180 万人，与 2012 年基本持平。以北京市为例，流动人口中大部分就业身份为雇员，占总数的 57.4%；其次为自营劳动者，所占比例为 35.2%；雇主的比例较小，约为 6.3%；家庭帮工占的比例最低，仅为 0.8%。超过一半的流动人口为被雇佣者，多于 1/3 的流动人口为自营劳动者。收入和工作者不在少数，这体现了做好社会保障工作对于解决流动人口的后顾之忧，有重要的作用。

2. 户籍制度的影响

目前我国社会保障体系还是以户籍制度为基础，造成了流动人口在城市因没有户籍而无法享受到同市民一样的社保待遇，而农村又无法及时解决社保需求的尴尬境地。许多政府部门对流动人口均采取了限制措施，一定程度上损害了流动人口的权益。《劳动法》《合同法》中的一些内容，用人单位也因流动人口受重视程度较低，并没有规范依据其中条文执行。

3. 流动人口、用人单位的参保意识差

流动人口往往年龄偏低、文化素质偏低，一方面，认为自己身体强健，对疾病等风险认知不足；另一方面，对社会保险的重要性及必要性认知不足，对参加社会保险的渠道不明确。一些用人单位为降低劳动成本，并利用流动人口对社会保险了解程度较低的特点，对流动人口的社会保障问题不予重视，将其排斥在社会保障体系之外，使流动人口享受不到应有的待遇。

（三）流动人口社保解决对策

1. 加强监管与劳动合同相关的规定

对于流动人口的就业应依法维护其相关的权益。加强对相关保障条款的详细规定，加强对其违规行为的监督力度，明确对于用人单位的约束和强制性规定，并确保合同中的条款得到有效的落实，以保障流动人口的社会保障权益。

2 提高流动人口的受教育程度与对社会保障的认知水平

鼓励流动人口接受高等教育、职业技能培训或相关的就业知识普及，提高流动人口整体素质与技能水平。加强针对他们的社会保险知识宣传，使得流动人口认识到社会保障的重要性并懂得维护自己的权益，扩大社会保险的覆盖面。

3. 完善涉及流动人口的社会保障制度

中国的流动人口具有非正规就业者多、流动性强并在劳动关系

中处于相对弱势地位等特征。因此，应对流动人口社会保障分类分层，对在城市有稳定收入和稳定居所的流动人口，应逐步纳入到城市社会保障体系的覆盖范围内。

第一，逐步改善户籍管理制度导致的城乡户口二元化管理体制。流动人口的社会保障体系构建中的许多问题与现有的户籍制度密切相关，因此，应逐步消除城乡之间的户籍壁垒，放宽对于流动人口身份的诸多限制，弱化户口的利益分配功能，使其有更多的机会融入城市。与此同时，对于劳动就业制度、社会福利和救助、农村的土地制度等项目，一并进行改革。

第二，完善流动人口的养老保险工作。目前我国养老保险统筹层次为省市自治区进行统筹，各省之间养老保险基金独立核算，互相独立，因而对于流动性强的流动人口实施起来有很大困难；同时，相对于部分流动人口收入来说，较高的养老保险缴费率会提高用人单位的成本，对流动人口的就业率造成影响。对此建议，根据流动人口的特点，建立一套相对独立的，针对流动人口的养老保险体系。以较低的缴费率和较低的工资替代率，使他们得以进入养老保险体系。尽快提高统筹层次，早日实现全国统筹，使得流动人口在全国范围内的就业，都可享有社会保障权益，且权益信息被准确管理与记载。即使在返回原籍后，由于个人信息已经被社会保障信息系统记录在案，个人社会保障权益不会因此而亏损。

第三，确立强制性工伤保险制度和失业保险制度，并将受职业病危害的人员纳入工伤保险范围。2004 年 6 月 1 日劳动和社会保障部颁布了《关于农民工参加工伤保险有关问题的通知》，明确规定了凡是与用人单位建立劳动关系的农民工，用人单位必须及时为他们办理参加工伤保险的手续。此外，确立失业保险制度，有助于约束用人单位的行为，保障流动人口的合法权益，有效地减少侵害流动人口权益的事件发生。

三、企事业单位人员的社会保障

经历了多年的发展，公务员制度在建设高素质的公务员队伍、提升政府部门公共服务水平和工作绩效、推动干部人事制度改革方面发挥了重要作用。据统计，2013年，全年共招录20.4万名公务员，其中，中央机关及其直属机构1.9万人，地方18.5万人。我国现有事业单位111万个，事业编制3 153万人。2014年，我国第一部关于事业单位人事管理的专门法规《事业单位人事管理条例》正式颁布，并于同年7月1日起施行。其中明确规定，事业单位及其工作人员依法参加社会保险，工作人员依法享受社会保险待遇。为贯彻落实《条例》，应加快相关配套制度和实施细则的制定与完善。一方面，需要加快新的配套规章的制定进程，如及时出台奖励、聘用合同管理等相关规定。另一方面，还需进一步完善工资制度、养老保险制度等重大改革方案，统筹公共利益与工作人员切身利益。

（一）企事业单位社保体系问题

1. 企事业单位社保体系存在差异化

我国现行的企业职工养老保险制度体系是由社会保险经办机构管理运作，通过银行单位代发养老金，养老金参与到社会资金的运作中，逐步实现养老保险管理社会化。而事业单位的退休保障体系管理是由专门的退休经办部门负责，其职能是为退休的事业人员提供相应的保障服务。这一制度使得管理体系的运作成本增大，并降低了养老金运作效率。

2. 养老金计发方法有失公平

企业职工养老金包括基础养老金及个人账户养老金两部分，其中基础养老金为所在地区上一年度企业职工月平均工资计算所得，一定程度上起到缩小收入差距的作用，体现公平性；个人账户养老金是根据个人缴纳养老保险金的积累额度计算所得，缴费额越高，养老金额越高，体现了分配的有效性。而事业单位的养老金发放为根据人员退休前一个月的工资进行一定比例的计算所得，养老金替代率大部分远远高于企业员工养老金替代率，对公平性的体现存在一定欠缺。人社部虽明确表态要下调缴费费率，但具体何时下调，如何下调，并没有明确指出。《国务院关于机关事业单位工作人员养老保险制度改革的决定》（以下简称《决定》）中虽提出：公务员和机关事业单位将与城镇职工一样按比例缴纳养老保险。但近期内个人养老保险费率的下调可能性不大。统一的管理方针制定，以及新决定的运行，仍需一定周期。

（二）事业单位社保问题存在的原因

1. 事业单位社保管理体制有待完善

目前，关于事业单位社会保障制度改革的有关事项，只在《决定》中初步提出。当前事业单位社会保障的工作主要由劳动和社会保障部门负责。人事部门审批的离退休人员的数量、退休时间以及进人计划等情况，是社保部门确定基金征缴数额和待遇发放金额的重要依据。然而由于社会保障工作的责任划分不够明确，对退休人员的管理并不严谨，人事部门在为职工办理退休的时候，存在为职工提前办理退休的现象，这会影响到社保基金的承受力，给社保基金造成了沉重的负担。此外，我国事业单位的社会保障体制规范性不强，政府没有把社保基金纳入财政的管理范畴，资金缺乏有效的监管机制，动向不够透明，存在挪用甚至非法占有社保基金等现象。

2. 改革全面性、宣传程度有所欠缺

当前事业单位社会保障制度的改革只是涉及基本养老保险，对于年金和补充养老保险等方面几乎没有涉及，使得改革程度略显局限。此外，事业单位职工对改革措施不够了解，缺乏信任，惧怕自己的养老金在改革以后会严重缩水，威胁到现有的利益，因此职工对改革持消极态度。然而职工不仅是改革的对象，更是改革的发起人。如果政府与职工之间没有建立良好的信任关系，那么整个改革就没法有效地进行下去。

3. 政府的资金投入逐步减少，社会保障基金难以长期维持

由于事业单位社会保障制度的建立，政府对社保工作的资金投入也陆续的减少了。而在这种情形下，养老保险金待遇却几乎不变，事业单位离退休人员也相对增加。如果事业单位退休人员的养老金完全从基金获得，那么社保基金的支付压力将会越来越大。虽然在近期内，社保基金还不至于出现入不敷出的情形，但随着支出的增多、投入的减少，终有一天会出现收不抵支、甚至无法支付养老金的情况（十八届三中全会，首次提出了"温和延迟退休"的概念）。

4. 对个人账户的管理和利用不到位

当前事业单位的社会保障体制，个人账户与统筹账户没有实现分开管理。这便成为统筹账户挪用个人账户资金的现象发生的原因，导致不能利用个人账户基金来进行任何的投资运营。这样一来，个人账户也就无法实现保值增值。

（三）事业单位社保问题如何解决

1. 尽快制定出全国统一的事业单位社会保障制度改革方案

制定出全国统一的事业单位社会保障制度，尽快提高统筹层次，既有利于减少制度转接成本，还能对各个地方的改革进行及时有效的规范，使改革能在全国各地同步深入高效地进行。目前，纵观我国事业单位社会保障制度改革的方法，一般都为自下而上进行。即先从各地先试点再向全国推广，运行效率较低。反观一些发达国家的社会保障制度改革，其执行顺序与我们截然相反，为自上而下，由中央向地方扩展地进行，取得了很好的效果。因而在这一点上，我国需要在考虑自身国情的基础上，有的放矢地借鉴国外先进的社会保障制度的改革方案，先站在国家的层面上米进行方案的制定，通过立法等手段，再将改革推向各个地区。而这个过程不宜过快，要与国家发展水平相协调。

2. 以政府为主导筹集社会保障基金

建立由政府、单位和个人共同承担的事业单位社会保障制度，即事业单位承担一部分职工的社会保障费用，职工个人也承担一部分社会保障费用，以此来为国家减轻财政负担。但并非意味着政府承担的责任被完全转移，政府应该结合事业单位和职工个人的实际情况，对社会保障基金进行宏观调控，并做必要的资金投入。在经济水平不断提高的情况下，应逐步加大政府对于社会保障基金投入的比例，向英国、瑞典等福利性社会保障体制靠拢，以使社保基金更加稳定地运行。政府可以利用各种渠道，采取多种方式来筹集社会保障基金。例如，政府可以适当调整税率，效仿一些发达国家，对于特殊行业，如演艺行业，提高税率。还可以考虑开征新的税种，如遗产税，发行用于社会保障的专项国债等来筹集社会保障资金，从而使得社会保障工作正常进行。

3. 加强对社保基金的管理，优化对个人账户的利用

建立有效的监管机制，对社会保障基金的征缴进行规范，对于逃避和恶意拖欠社会保障基金的行为要进行严厉制裁。对外公开社保基金的运转情况，坚决杜绝挪用社保基金进行非法运作的现象。对个人账户和统筹账户进行分开管理，在保证安全的前提下，合理地对个人账户进行投资运营，以实现职工个人账户稳定的保值、增值，为职工带来更多的社会福利，进而增强职工的投保信心，促进社会和谐稳定发展。

4. 加强和完善社会保障立法工作

强化对我国事业单位社会保障体制的改革，是推动我国事业单位朝着更高效方向发展的必要方式之一。而事业单位社会保障体制改革的工作，具有周期长、内容庞杂烦琐的特点，涉及很多方面。因而要想对我国事业单位社会保障体制进行改革，对于制定全国统一的改革、立法方案有着急切要求。加强和完善社会保障立法工作，强调政府对社保基金的管理和干涉能力，为社会保障工作筹集资金，

让事业单位社会保障制度的改革能够平稳地过渡和良好的衔接。

5. 切断单位与个人的社会保障联系，约束和激励公民建立个人社会保障账户

现行社会保险制度执行过程中的关系为"国家与单位、单位与个人、国家与个人"的关系，未来需要将这种复杂交织的关系变为"单位与国家、国家与个人"的简单关系。这样一来，单位与个人间产生社会保障纠纷的可能性将大大降低，每一个公民可以不受其自身状况、工作单位经济效益及领导人行为方式的影响，至少享受到国家统筹的那部分社会保障。此外，国家可要求每一个公民建立与自己身份证号码相一致的个人社会保障账户，凭个人账户享受国家统筹的基础养老等保障待遇。任何从业人员，包括政府机关和事业单人员在内，都要依法向其个人账户存入其工资的一定比例，个人账户上的资金完全由职工个人的缴纳构成，不再与统筹基金发生联系。个人账户的本金和投资收益归个人所有，不交利息税，退休年龄到达前除非有特殊情况（如发现有不治之症），不得提前享用个人养老账户上的资金。

四、军人的社会保障

（一）军人社保存在的问题

军人社会保障制度是我国根据国情专门为军人设立的社会保障制度，是国家和社会对军人及其家属所提供的各种优待、抚恤、养老、就业安置等待遇和服务的保障制度。一直以来是我国军队建设

的重要组成部分，是保证和加快军队和国防现代化建设，从而保障社会主义各项事业顺利发展的基础。

由于长期以来，一直享受着国家给予的稳定而相对较高的待遇，并且不存在失业现象，所以有关军人的收入、医疗、养老等需求就未能成为社会问题，也未可能进入政策议程而受到决策者的优先关注。20 世纪 90 年代由于经济体制改革、社会转型，军人退伍后难以与社会无缝衔接，各种与社会主义市场经济环境不适应的问题逐渐涌现。随着社会形态和经济形势的不断发展，我国旧有的军人社会保障制度在新时期产生了一些弊端。城镇化进程加快后，这些弊端日益凸显。

1. 现役军人的保险水平较低

目前军人保险的数额较小，并没有与当前社会经济发展总水平持平。有些地区的军人保险数额甚至低于当前社会的一般商业保险最低数额。此外，军人保险险种也并未随着保险市场的发展而不断增加，而是依旧维持原状，目前只有军人伤亡保险和军人退役医疗保险两个险种较为健全，军人养老保险等保障项目有待发展。

2. 退役军人社会保障体系不完善

相较我国城镇职工、城镇居民社会保障体系的发展，我国整体军人的社会保障体系建设的发展并不明显。目前我国退役军人的社会保障体系基本上以退役军人的安置就业为主，对养老、医疗、失业等社会保险的缺乏较为全面的涉及。此外，军人保险中的军人伤亡保险和军人退役医疗保险也不能顺利地与地方上的保险制度对接，使军队和地方的保险制度形成两个相对独立的系统，很大程度上限制了军队与地方之间的流动，限制了退役军人的发展，使退役军人享受的权益十分有限。并且，对退役军人的职业培训和教育培训也通常是短时间内的岗前专训，缺乏较强的针对性。退役军人的退役前身份也成为影响待遇的极大因素。如，离退休的干部、复员和退伍的士兵由国务院退伍军人和军队离退休干部安置工作领导小组负责；军队转业干部的转业安置工作由国务院军队转业干部安置工作领导小组负责。这些领导小组只负责政策制度领域的工作，日常的具体工作则由总参、总政和中组部、人事部、民政部负责，需要与国家十多个部委协调。这种多头管理制度涉及范围广，分管部门多，权责分离，管理分散，各部门之间利益难以协调，导致效率低下，安置制度不能发挥应有的作用与效果。

（二）军人社保存在问题的原因

1. 军人社会保障制度发展迟缓

与一般社会事务相比，国防事务具有强调保密、主要由中央政府履行的特点。在这种条件下，无论普通群众或是专家学者，均难以获得关于军人社会保障信息的 于资料，造成外界对丁军人社会保障了解程度不够、相关研究滞后的结果。因而许多军人社会保障体系中存在的问题未能被及时发现，且缺少专业科学的建议，导致军人社会保障体系较其他社会保障体系发展迟缓。

2. 退役军人自身素质与市场需求之间的矛盾

由于长期在较封闭的军队中生活、学习、工作，军人退役之前与外界社会的接触相对较少，因而在技能、知识结构等方面会与外界市场实际需求产生偏差，在求职市场上缺乏竞争力，遭到排斥。

即使被安置就业，也依然面临着因自身素质不符合职位要求而被迫下岗的风险，企业单位也要承担这些退役军人自身素质与职位不符所带来的损失，导致整个社会经济总收益减少，用人成本增加，人力资源得不到合理安排，退役军人自身的社会保障也不能合理地满足。

3. 退役军人政府安置存在失调

我国退役军人的安置政策为计划安置与自主择业相结合。而在市场经济的环境下，我国企业在人力资源的选择与调配时以市场为导向，提供的职位在一定程度上很难与自主择业军人的就业需求与相互满足。而用行政手段来解决军人的就业安置问题，将限制这些军人被安置就业的机关、企事业单位的用人自主权，也会相应对经济效益造成危害。因此我国现行的退役军人就业安置政策在市场经济环境中很难取得应有的成效。非政府组织在我国的重要性日益增强，大量非政府组织有能力帮助退役军人获得更多福利保障。但很多退役军人并没有意识到这些，往往希求通过一己之力，如上访，来改变不满的现状，不仅对社会影响不好，也没有解决自己的实际问题。

4. 退役军人安置结构与户籍制度存在矛盾

城市户籍与非城市户籍的退役士兵在我国现有的退役军人安置制度下存在待遇不一的现象。从安置就业等各方面来看，城市户籍退役士兵所享受待遇远远优厚于非城市户籍退役士兵待遇。而目前户籍制度改革使得不同性质户口的差别日益缩小，很多地区已取消城乡二元结构，统一采用居民户口。因此城镇人口的增加，使得政府安置的压力越来越大。若不及时改革现有安置政策，政府将更难解决城镇户籍退役士兵的安置就业问题。

（三）军人社保解决对策

1. 继续完善现役军人社会保障制度

美国历届政府通过提高军人的福利待遇以提高军人的社会地位，吸引更多人才加入军队，提高军人综合素质水平。我国现行军人社会保障制度与其他社会保障制度相比更加亟须完善，完善后的社会保障制度将会吸引更多人才，进而大幅提高我国军队整体素质。具体可从以下几个方面着手。

第一，合理化退役费标准。在考虑到军人退役后的专业需求、生活基本需求、安置生活需求、职业培训需求，并考虑一定的职业补偿后，制定合理的退役费，并随物价水平的波动随时调整。

第二，完善军人社会保险制度。我国现行军人社会保险只包括军人伤亡保险和军人退役医疗保险，且这两项保险也有很多地方需要完善。目前军人伤亡保险对于不同级别、待遇的差异性体现的不足，增加对不同军衔、不同工资水平的差异性体现，可对军人起到激励作用。在军人退役医疗保险方面，应加强其与城镇职工医疗保险制度、医疗卫生体制改革的有效衔接。由于我国各地养老制度也存在着差异性，因而也要做好退役军人与各地养老制度的合理衔接，根据国家的统一标准统筹，再根据各地不同标准适当调整。

第三，改善相关福利制度。改善社会安抚制度、社会福利制度、社会救济制度、军人退役安置制度。加大财政投入，改革医疗、住房制度。

2. 加快退役军人社会保障制度的法制化进程

第一，尽快加强立法，形成完善的法律体系。我国军人社会保障相关立法工作与其他领域法制体系相比相对落后，因此，全国人大应尽快出台《军人社会保障法》《退役军人社会保障法》等社会保障领域基本法律条文，确立稳定长远而切实有效的法律法规。同时形成配套的法规和规章，做到有法可依、有法必依。

第二，加强法律体系与社会主义市场经济的适应性。加强法律体系与社会主义市场经济的适应性：在政府提供较完备的社会保障基础上，将安置就业政策逐步调整为以自谋职业为主，鼓励自谋职业，将就业安置并入市场运行的轨道，并不断完善与市场不相适应的部分，如岗前培训等。

第三，加强法律制度可操作性。具体体现在：细化法律条文，在原则性规定的基础上完善补充具体规定。并且明确规定军队与地方相关法律的衔接方法，使军人社会保障法与社会其他相关制度紧密联系。

3. 建立专业管理机构

成立统一的退役军人事务管理机构，保证退役军人政策的平衡性和连贯性，明确有效地为退役军人提供技能培训、政策咨询和就业指导等服务，使军人的需求得到满足、安全感得到提升，可减少军人因不满待遇而造成的大量上访，起到稳定社会秩序的作用。

在政府可以调控的情况下，可引导退役军人成立为自身群体服务的非政府组织，或成立专门为退役军人服务的非政府组织。组建退役军人基金，为退役军人提供服务和援助，满足退役军人的合理需求。减少退役军人因诉求无门而导致的恶性事件发生，使退役军人群体更加得到重视，起到稳定社会秩序作用。

4. 加强退役军人职业培训工作

退役军人成为流动到市场上的新劳动力，配置得当，则不仅能满足退役军人个人生活需要，实现其自我价值，更能增加社会整体经济效益。因而加强退役军人培训，引导退役军人学习的工作十分重要。

第一，提高军人学习积极性。为与市场经济环境相适应，军人转业后往往需要学习新的技能，因而学习积极性不可或缺。应使军人了解市场经济环境，鼓励军人学习新技能，并与自己的兴趣爱好相结合。

第二，加强培训专业性。加强培训技能的实用性与针对性，以市场需求为导向，拓宽产业领域，引导军人学习与自己能力相适应的技术，适当引入高科技，提高教学层次，鼓励军人自由选择与自己兴趣相符合的职业领域。

第三，采取新型培训方式。可在条件允许下采用高科技教学方式，提高教学效率，增加军人学习兴趣。

第十章　新型城镇化进程中的医疗保险问题

医疗卫生事业关系到人民群众的身体健康和生老病死，与人民群众切身利益密切相关，是社会高度关注的热点，也是贯彻落实科学发展观，实现经济与社会协调发展，构建社会主义和谐社会的重要内容之一。因而医疗保险方面的问题不容小觑。

我国医疗保险，按对象划分，可分为城镇职工基本医疗保险、城镇居民医疗保险、新型农村合作医疗保险三部分。

一、城镇职工的医疗保险

（一）新型城镇化建设中存在的制度性问题

随着新医改的推进，我国城镇职工的医疗问题不断凸显，"看病难""看病贵"等问题接踵而至。目前城镇职工基本医疗保险的问题主要有以下几个方面。

1. 医疗保险未实现全覆盖

中国的城镇职工基本医疗保险覆盖面虽然在逐年不断扩大，2014年数据显示，全国人口参保率已达到95%以上，但仍未实现全民覆盖，重复参保现象十分严重。调查显示，我国城乡居民重复参保人数为1亿人左右。若这一数据准确性较高，则我国未被医疗保险覆盖的人群将高达1.5亿人，超过总人口的10％。

2. 个人账户存在漏洞

第一，缺乏约束性。目前我国职工基本医疗制度还有待健全，因而存在许多未参保人群。其中一部分未参保者会有冒用参保者医疗个人账户的倾向。其中年纪较轻者冒用年纪较长者医疗个人账户的占很大比例。原因为退休人员医疗个人账户记入比例比在职职工高，进入统筹前的自付段费用和统筹基金个人共付比例又比在职职工低。此外，由于医疗账户所积累基金只能用于医疗消费，许多不必要的医疗消费因此而增加，使社会总体经济效益下降。

第二，缺乏监管性。许多地区医保经办机构对个人账户疏于管理，使得在一些药店中，医保卡公然成为购买与医疗几乎毫无关联的生活用品的渠道。

第三，缺乏互济性。现行医保制度中"个人账户"具有有限的互济性，并且制度规定个人账户与统筹基金在财政设立两个专户管理，相互不得挤占，这样就把整个医疗保险基金分成两个完全独立的基金运营系统。这样的规定使得医疗保险基金丧失互济性。由于每个职工个体的身体素质不同，一些职工的个人账户基金在很长时间内闲置未用，造成资源浪费。

(二)城镇职工医保存在问题的原因

1. 城镇人口结构变化，保障范围狭窄

随着城镇化进程加快，新型产业不断兴起，产业结构发生巨大

变化，大量非城市人口涌入城市务工，非公有制单位劳动者大量增加，私营、个体劳动经营者数量也与日俱增。这些人口往往不在城镇职工医疗制度覆盖范围内。在这种情况下，城镇职工医疗保险的覆盖范围便显得狭窄。以药品为例，我国《国家基本医疗保险和工伤保险药品目录》对两种保险准予支付费用的西药分别为 1 027 种和 1 031 种，中成药 823 种，民族药品 47 种。且由于以上从业人员流动性较大，社会保障统筹水平较低、转账困难，对医疗保险制度了解不够，以及企业停产、破产等原因，使得参保率较低。

2. 医疗趋于市场化

医患双方信息不对称，医生与院方掌握治疗方法的支配权，患者往往难以提出反对意见；在市场经济背景下，医疗机构出于追求利益的考虑，会有引导患者选择医疗费用较高治疗方案的倾向。

3. 统账结合模式的弊端

目前我国医疗费用的支付按照"个人账户""起付标准""社会统筹"三阶段依次运行。即医疗费用的"初始阶段"，由个人账户支付，个人无须自付，个人不承担支付压力；第二阶段，"起付标准"内的费用完全自付，个人负担较重；进入第三阶段，大部分医疗费用由"社会统筹基金"支付，个人负担大幅减轻。医疗机构为谋求经济利益最大化，而又要考虑患者的支付能力时，在此种模式下，易导致哄抬医疗价格至社会统筹基金支付阶段，导致统筹基金平衡压力和医疗费用管理控制的难度较大。

(三)城镇职工医保解决对策

1. 扩大医保覆盖面

首先，要建立多层次的缴费水平，扩大服务面，吸引自由职业者等灵活就业人员参加医保。其次，制定相关优惠政策，提高混合所有制企业、个体私营企业等非公有制经济组织从业人员参加医保积极性。最后，进一步对农业户口的流动人口（城镇外来务工人员）提供医保缴费费率优惠，跟踪服务，提高他们的医疗保险参与水平。

2. 完善医疗机构体制

医疗机构体制改革是城镇职工医疗保险制度改革的关键。首先要做到医药管理体制改革，要求医院做到医药分开核算、分别管理制度，以切断医疗行为与药品营销之间的经济联系，减少并杜绝不合理用药情况。同时也要对公立医院加大补贴，并适度提高医务人员薪酬，使其增加工作积极性，将专业技能全部发挥出来，降低其因不满薪酬而牟取不合理利益的可能性。并适当引入竞争机制，加强对医疗机构的监督管理，规范其收费机制与程序，避免不合理收费现象的发生。

3. 深度合理化医疗保险筹资机制

医疗保险筹资机制是建立社会医疗保险制度的基础，解决筹资机制的问题可从根本上减少各种医患问题的发生。首先，需要拓宽医疗保险缴费层面。一方面，要加强缴费监管机制，督促各个参保单位及时缴费；另一方面，加强对医疗保险的宣传力度，吸引单位与个人积极参保。此外，政府需加大对社会保险基金投入力度。可通过发行短期医疗债券的方式起到充实一部分医疗保险基金的作用。

二、城镇居民的医疗保险

城镇居民基本医疗保险制度的参保对象是未纳入城镇职工基本

医疗保险制度覆盖范围的退休老人、少年儿童和其他非从业城镇居民。由于这些对象个体间的差异性较大，针对他们的医疗保险也会有相应问题。

(一)城镇居民医保存在的问题

1. 作用囿于形式

目前我国城镇居民医疗保险制度主要是为了解决大病医疗住院费，其组织形式为自愿形式。由于城镇医疗保险参保对象主要是由老人、少年儿童和非正规从业人员构成，其群体特点为收入低或无收入，因而居民保险很难具有强制性，也就易使逆向选择现象出现。且城镇医疗保险的作用主要为解决大病住院费，这在一定程度上减少了对自身身体情况抱乐观态度、对未来风险预期不足的人的参保率。因而城镇居民医疗保险的作用与形式存在一定矛盾，其作用囿于形式而未能完全体现。

2. 作用失于局限

由于城镇居民医疗保险意在解决大病医疗住院费，许多程度较轻疾病，如流感等传染性疾病，以及无须住院的慢性病，如皮肤病、糖尿病等，易被排除在保障范围之外。而居民医疗保险的覆盖对象中老年人与儿童等体质较弱的人群占有相当比例，由于其自身抵抗力较差，传染性疾病与慢性病往往为多发疾病，将这些疾病排除在外，则对这些参保人群为起到缓解医疗费用压力的保障作用。其中一部分人会因为这些疾病初期来看影响不明显，自身又为得到相应保障，而选择放弃治疗。第三次国家卫生服务调查分析报告的数据显示，在城市患病两周未治疗的原因中经济困难占 36.4%，因为经济原因应住院而未住院的比例为 56.1%，长此以往会加重疾病，在损害身体健康的同时，也扩大了医疗费用的支出。

(二)城镇居民医保存在问题的原因

1. 城镇居民人口结构日益复杂

随着我国城镇化进程不断加快，农村劳动力络绎不绝地涌入城镇，其中一部分得以获得城镇户口，具备享受居民医疗保险条件。这些劳动力普遍为青年人，其中一部分会携带自己的家属，以父母和子女为主，一起进入城镇。其父母由于年龄偏大，且所掌握技能与城镇中用人单位需求很难相符，往往为无业人口。其子女由于年龄偏小，往往不到就业年龄，并不具备成为职工条件。加之这些劳动力在初到城镇时，所从事的职业与工作往往具有波动性较大的特点，并且往往并非用人单位的正式职工，因而很多不在城镇职工保险覆盖对象的范围内。这些人口的增加，使得城镇居民人口数量增加、结构复杂化，同时也使城镇居民医疗保险覆盖对象日益复杂，此外，这些人口在进入城镇之前多在农村，卫生、医疗条件相对较差，本身患有疾病的人数较多，感染疾病的可能性较大，病种、病因更复杂，以往的居民医疗保险已不能完全满足他们的保障需求，不能完全适应当前的人口结构状况。

2. 覆盖人群投保意愿较低

目前我国居民医疗保险的缴费要求是不设立最低缴费年限，必须每年缴费，不缴费不享受待遇。而面对的人群为没有工作的老年居民、低保对象、重度残疾人、学生儿童及其他城镇非从业人员，均为低收入者或无收入者。虽然政府会对医保给予适当补贴，但由于其待遇标准总体上略低于职工医保，以及其缴费特点，较难调动起这些经济条件较差者的缴费积极性。这些经济水平较差的人群往往受教育程度不高，其对自己身体状况与疾病的认识可能因此欠缺敏感并有失全面，对未来疾病风险的预料也略显不足。在此条件影响下，覆盖人群的参保意愿也会下降。

(三)城镇居民医保解决对策

1. 积极动员组织覆盖人群投保

首先应提高覆盖人群参保率。对于学生群体，可采取由市、区教育局组织，以学校为单位整体参保的方法，并动员教职工对在校学生及其家长多进行宣传，以此提高学生群体整体的参保率。其他如老年人、非单位职工群体，总体来说比学生群体较为分散，可通过定期在各街道居委会、居民小区内宣讲医保重要性的方式，来对其分散性特点带来的弊端进行一定弥补，起到一定提高参保积极性的作用。

2. 消除制度弊端，改善缴费方式

消除制度弊端，使其能满足居民基本医疗需求，提高保障作用，可从根本上提高覆盖对象参保率。改善缴费方式是从经济方面入手改善医保制度，解决覆盖对象参保的后顾之忧。可选择逐步将城镇职工医疗保险制度与城镇居民医疗保险制度相融合，适度采用强制性手段，以规避参保者多为医疗费用支出较多者、无法进行风险分散的逆向选择情况，同时可提高参保率，缓解医疗保险压力，以便更好地起到保障作用。鼓励由家庭和社会共同承担筹资。设立不同费率标准，使得收入相对较高者可依据个人需要享受较高医保水平，收入较低者可选择自己认为可承担的费率并获得一定保障，避免因高费率而止步于参保，从而失去医保条件的状况出现。可对城镇职工家属参保给予适当补贴优惠，并可令居民参保以职工为依托进行缴费。对于缴费困难的群体，经过调查核实，给予财政补贴。

3. 改善统筹方式

目前的"大病统筹"方式对于疾病的覆盖面略少，起到的保障效果略显不足。可增加门诊统筹部分，对传染病、慢性病、意外损伤等无须住院的疾病治疗起到减免费用的保障作用，避免出现低收入者因缺乏医疗保障而延误治疗时机，进而造成病情加重，医疗费用支出增加更多的情况。可在社区内建立为居民提供健康检查、一般传染性疾病、慢性病等病情较轻的治疗机构，提供免疫预防服务，制定较低收费标准，满足城镇居民基本的医疗需求，减少其医疗费用支出，为其提供更便利医疗服务的同时，可为"大病统筹"积累更多基金，使其对大病住院保障发挥更好作用。此外，应尽快提高统筹层次，最终达到全国统一统筹的标准。目前我国各地参保对象依然以户籍为参保条件，以市县级为统筹单位。随着人口流动日益频繁，这种统筹方式不仅给参保个人带来很大不便，也会增加不必要的管理成本。提高统筹层次可节约管理成本，提高参保率，也可增加医保基金地域间的流动，使其发挥更大作用，减少财政补贴支出。

4. 改善医疗机构运营模式

目前我国医院和社区医疗服务机构，其主要受益来源都为医药费。这就使得"用药贵"的情况屡屡发生，不仅增加个人医疗费用支出，也给医保资金带来很大压力。应改善其运营模式，政府给予一定补贴，并引入竞争机制，促使其提高服务质量。

三、农村居民的医疗保险

与城镇职工与城镇居民医疗保险制度不同，我国农村目前的保险制度是新型农村合作医疗制度。是以政府资助为主，针对农民的一项基本医疗保险制度。

（一）农村居民医保存在的问题

1. 制度设计和立法有待完善

目前我国并没有专门针对医疗保险制度制定的法律。较之于城镇，农村的司法机构、医疗保障制度更加有待完善，因而许多农民徘徊在医疗保险制度之外。针对农村的医疗法律几乎空白，仅有各地制定的相关法规，但其有待善，层次较低，很难保障农民的医疗保险权益。

新型农村合作医疗主要补助参合农民的大额医疗费用或住院医疗费用。医疗保险的提供减免了居民需支付的大部分医疗费用，参加医保的农民可能因此选择小病大治、重病久治、减少门诊治疗率而治疗意愿向住院倾斜的情况。目前新农合门诊报销比例为30%～50%，住院报销比例为60%～85%，其间35%的报销差额形成拉力诱使患者住院治疗。这样便直接导致医疗费用支出大幅上升，十分不利于医疗保险基金的积累与运行。

2. 农民参保积极性低

新农村合作医疗制度是以家庭为单位自愿参加的医疗保险制度。

大部分农民往往因自身的经济状况和受教育程度，对医疗风险的意识较为薄弱，对医疗保险的参与积极性较低。而由于疾病具有不可预测性，医疗消费具有不确定性和被动性，罹患疾病的农民往往无法通过市场手段对医疗手段、药品价格进行比较再进行选择。因而许多人一旦患病治疗，医疗费用支出往往很大，本不富裕的家庭经济水平每况愈下，若未参与医疗保险则支出更为庞大。而因病收到经济严重打击的家庭，对资金的需求量更大，较之从前更无力，或主观上更不愿支付医疗保险费用。这种恶性循环的状况十分不利于农村医疗保险的发展，不利于对农民的医疗保障。

3. 不同区域、同一地区皆存在差异

我国幅员辽阔，东、中、西部各地实际情况差异很大。从经济方面来说，不同地区之间的农村之间，同一地区的农村内部也存在着较大的贫富差距。经济条件差一些的家庭，即使参加保险，所得报销部分可能依然使其难以支撑费用，作用杯水车薪，因而他们依旧会选择放弃治疗。对于经济条件较好的家庭而言，则是得到了一笔相当可观的报销费用。所以从大病的角度来看，新型农村合作医疗不仅没有从实际上解决经济条件差的家庭医疗方面的燃眉之急，而是进一步加剧了农村的贫富差距。

(二)农村居民医保存在问题的原因

1. 长期缺乏对农村保险体系的重视

自古以来，我国便是农业大国，农业历史传统悠久，对于农业的不稳定性习以为常。并因为能够发展至今，可看出总体上具备一定稳定性与抗压性、抵御风险性。因而容易引起对农业发展的风险性的习惯性忽视。加之建国以来，我国为提高经济实力和综合国力，将发展中心放在城市，着重加快工业化，使得城镇发展迅速，而农业与农村发展滞后。农村相应配套的基础设施、法律法规建设，以及医疗保险制度的发展、医疗设施的配备，也就随之落后。

2. 宣传力度不够

由于新农合是自愿性保险制度，农民参保率显然会低于强制性的城镇职工保险。现有的宣传并未集中针对风险对农民进行教育，没有树立起农民的风险意识，也没有针对那些不参加新农合的农民进行原因调查与思想沟通，使得宣传大多停留在形式上。许多农民并不真正了解新型农村合作医疗制度的意义，他们仅从自己短期得失的角度考虑，由于自己身体好，生病住院的概率低，因而认为参保并不必要。由于受教育程度影响，一些农民认为是把自己的保险金拿去补偿别人，对自己并无益处可言，因而抵触投保。宣传中缺乏对具体理赔标准的普及，使得农民对理赔程度过于理想，当真正受到理赔并低于自己预期时，满意程度大打折扣，从而失去继续参保意愿。

3. 农村人口流动性的增强

城镇化进程的不断加速对于农村劳动力起到了很大的吸引作用，大部分的青壮年劳动力外出打工，农村呈现出大量的空心村。新型合作医疗规定，参加合作医疗的农民需要在定点的市县，乡镇的医院去就医报销。这些劳动力在外务工时，如果患病程度较轻，只需门诊治疗即可解决，则没必要返乡去定点医院看病，因为返乡的成本远大于医保提供的优惠；如果患病程度较重，需住院治疗，或是所患病为急性病，返乡去定点医院治疗则有可能耽误病情，且定点医院的水平往往不如其打工所在地大型医院水平，因此这些劳动力往往也会选择在打工所在地就医。由此可见，参保并没有给这些劳动力带来实质上医疗费用的优惠，因而他们的参保热情会受到很大影响。而这些流动人口劳动力在农村人口中所占比例与日俱增，因而农村整体人口参保意愿也随之下降。

4. 医疗费用不断增长

随着我国社会主义市场经济不断发展，医疗机构逐渐市场化，以经济利益为导向、疾病种类日益复杂多样，以及人口老龄化的影响，农民的医疗费用不断上涨，使收入相对城镇居民较少的农民经济负担加重。且农村医疗水平与水平往往低于城镇，因此农民为达到同样的治疗效果需要对医疗进行更大支出。越来越多的农民对于高昂的医药费用无法承受，给新农合发展带来很大压力。

（三）农村居民医保解决对策

1. 因地制宜完善农村医保制度

因地制宜，量力而行，根据不同地区农村特点，在全国统一的标准下，允许各地依据自身经济条件制定相关规定。有重点开展一些公共卫生计划，逐步理顺农村医疗保险工作的体制。各级财政部门要认真落实新型农村合作医疗补助资金，在年初预算中足额安排，并及时下拨到位，为新型农村合作医疗的顺利开展提供必要的资金保障。建立和完善农村医疗救助制度，做好与新型农村合作医疗制度的衔接。要继续加强合作医疗管理人员和经办人员的政策、业务培训，提高合作医疗管理能力。加大各级政府对医疗救助资金的支持，充分发挥民政部门的主导作用，动员红十字会、基金会等社团组织、慈善机构和各类企事业单位等社会力量，多渠道筹集资金。进一步完善相关政策措施，明确救助范围，提高救助水平，重点解决好农村五保户和贫困家庭的问题。

2. 提高农村医疗水平

逐渐提高对农村发展的重视程度，继续完善新型农村合作医疗，力争做到人人享有初级卫生保健。各级卫生行政部门要加强对医疗机构服务行为和费用的监管，采取有效措施遏制农村医药费用不合理增长，减轻农民医药费用负担。制定合作医疗基本药品和诊疗目录，严格规定目录外药品和诊疗费用占总医药费用的比例，并实行病人审核签字制；严格控制定点医疗机构平均住院费用、平均门诊费用的上涨幅度，控制定点医疗机构收入中药品收入所占的比例；要建立合作医疗定点医疗机构的准入和退出制度，引入竞争机制。高等医学院校要加强面向农村需要的卫生专业人才培养，扩大定向招生试点。研究制定农村卫生技术人员职称晋升的倾斜政策，鼓励农村卫生技术人员安心工作。要加强对乡镇卫生院的监管，维护公立卫生院的公益性质。加强农村基层卫生技术人员培训，建立终身教育制度，提高农村卫生人员的专业知识和技能。要加强农村医疗卫生基础设施建设，健全县、乡、村三级农村医疗卫生服务体系和网络。各级政府要按照明确职责合理负担的原则，建立和完善农村卫生经费保障机制。整合现有卫生资源，建立农村社区卫生服务机构，更好地承担农村疾病预防控制、基本医疗、健康教育等公共卫生工作。

3. 提高参保率，将自愿参保逐渐向强制参保靠拢

可按照以户为单位或以村为单位的原则，捆绑式地参加新型农村合作医疗。即要求农户家庭成员协调达成一致意见，所有家庭成员一起参加医保，一次性缴交全年整个家庭的人员费用，这既实现了家庭之间有病无病成员的互济，避免逆向选择，也有利于提高参合率，增强社会成员共同抵御重大疾病风险的能力。为了规避家庭的逆向选择，还可以采用以村为单位参加的方法，规定凡符合条件的参保对象，经民主讨论，少数服从多数，以村为单位自愿参加。争取做到让每个农民了解其运作过程、补偿方式、补偿力度以及重要性。可以村为单位，举办普及性讲座。

4. 逐步实现与城镇职工医疗保险制度并轨

改进参保农民只能在定点医院就医的相关政策，为进城务工农民设立相关政策，使进城务工农民可凭借在参加新型农村合作医疗的相关依据在打工所在地就医，并享受新农合所提供的优惠。从保大病为主的风险型逐步向保大病与保小病相结合的福利型发展。在经济不发达西部地区农村，把重点放在家庭账户部分，兼顾小比重的大病统筹，确保农民享受门诊和小病及时就诊，避免小病拖成大病。在经济发达地区的农村，可以过渡到与城镇医疗保险并轨，既保大病也为村民进行小额门诊补偿，体现公平原则。对于中等发达地区，目前实行以保大病为主，逐步向社会统筹发展。

作为世界上人口最多的国家，中国拥有丰富的人力资源。近年来，随着人口年龄结构的变化以及受教育程度的提高，中国人力资源在总量和素质方面都有所变化。2013年年底，全国(不含港澳台地

区)总人口为136 072万人,其中城镇常住人口为73 111万人,占总人口的53.73%,比上年末提高1.16个百分点;劳动年龄(16~59岁)人口为91 954万人,占总人口的67.6%,分别比2012年减少1 773万人和1.6个百分点;60周岁以上人口为20 243万人,比上年增加853万人,占总人口14.9%,比上年提高了0.6个百分点。

2013年全国城镇就业人数为38 240万人,比上年增加1 138万人;乡村就业人数为38 737万人。城乡就业人数比由2004年的0.58提高至2013年的0.99。2015年政府预期城镇新增就业1 000万人以上。2013年,全年五项社会保险(含城乡居民基本养老保险)基金收入合计35 253亿元,比上年增长4 514亿元,增长14.7%。截至2013年年底,城镇职工基本养老保险参保人数为3.22亿人,参保率为82%;农民工参加基本养老保险的比例为18.20%。当前我国的社会保障制度已覆盖了95%以上的城乡居民。在当前形势下,我国的社会保障和民生问题已经成为人们关注的焦点,它关系到人们生活的质量,关系到我国的可持续发展。所以,我们更需要审时度势,编织一张横覆13.5亿人口,纵贯养老、医疗、就业、社会救助和福利的安全网,将这个高速发展的国家包在里面,缓冲各种失速与不平衡带来的风险。

第十一章 新型城镇化建设过程中农村教育问题探究

新型城镇化的核心是人的城镇化，教育的兴起引导人口的集中，教育是城镇化必不可少的有力支撑，一个国家的教育水平和这个国家的城镇化水平有很大的联系。什么是城镇化？国家发展改革委城市和小城镇改革发展中心主任、博士生导师李铁研究员说："城镇化的实质是农村人口向城镇的转移，城镇化进程的主体是已经在城镇长期就业和居住的外来农民工。"

目前，新型城镇化已经成为我国经济增长的重要推动力，是社会发展的大趋势。城镇化是指随着经济和社会的发展，人们的生活方式从农村生活向城镇生活的升级转化过程。推动城镇化稳步发展是保证经济社会可持续发展，是解决我国"三农"问题的根本出路，是社会主义现代化建设的内在要求，它有利于培育第三产业，也是培育知识经济的基本环节。这种转化的基础和核心是农村人口向城镇流动，逐步转化为城镇人口。苏州大学教育学院院长许庆豫综合自己多年的研究提出，教育在新型城镇化的进程中承担着提高人口素质，促进人口就业结构转变，提升人口受教育水平的历史重任，在新型城镇化的进程中，教育系统要主动适应新型城镇化的发展需要，满足外来人口的教育需求。

教育对经济社会发展具有基础和促进作用，从农村到城市，教育工作面临着巨大的挑战，在此前脱贫致富阶段，教育的作用并没有得到完全体现，当进入全面建成小康社会阶段后，智力劳动在工业化和信息化高速发展的今天，所创造的价值越来越大，教育在全面建成小康社会的过程中愈加重要，教育水平的高低已成为衡量社会发展的重要指标之一。我们应该坚持教育优先发展策略，如何在快速发展中保持稳定是城镇化亟待解决的问题，同时也是城镇化背景下农村教育工作面临的问题。

十八大报告中指出："教育是民族振兴和社会进步的基石。要坚持教育优先发展，全面贯彻党的教育方针，坚持教育为社会主义现代化建设服务、为人民服务，把立德树人作为教育的根本任务，培养德智体美全面发展的社会主义建设者和接班人。"农村教育是影响国家教育发展水平的关键，中央政府十分重视农村教育，采取了各种措施扶持农村教育发展，农村教育取得了历史性的进步，获得了长足的发展。90年代中期之后，由于经济社会的原因，特别是长期的城乡二元结构的影响，加之一些地区农村自然和经济条件比较差，农村教育面临着严重困难，九年义务教育经费短缺，继续教育举步维艰，农村教育的普及与提高，对全面建设社会主义和谐社会至关重要，全面加强农村教学资源建设，促进城乡教育均衡发展，把农村教育作为一个战略性问题进行全局性的思考与筹划，是当务之急。新时期切实加强农村教育培训工作，对于建设社会主义新农村，具有十分重要的现实意义。我们必须提高对农村教育培训工作的认识，做到三个创新：创新教育观念，在农村教育的认识上实现新突破；创新农村教育体制，在农村教育资源的整合上实现新突破；创新教学工作，在教学方式、教学内容、师资力量上实现新的突破。具体到课程设计问题上，就是要坚持"实际、实用、实效"的原则，处理好共性与个性、广度与深度、主体与主导、理论与实践等四个关系。在教学改革过程中着重要解决好"教什么，怎么教"，实现知识到能力的转化。更好地发挥教育的作用。

当前，我国的城镇化进程处于高速发展时期，城镇化发展离不开流动人口，离不开农村劳动力的转移。城市人口的急速增长，对教育的刚性需求不断提高，城市教育发展面临巨大压力。但目前我国流动人口子女教育却往往成为制约因素。资料显示，2011年末，我国城镇人口占总人口比重达到了51.27%，首次超过了农村人口。这标志着我国从此进入以城市社会为主的新的发展阶段。国际发展经验表明，这一阶段的城镇化一般会呈现城市区域不断向郊区扩展和城镇群大量涌现的特征。我国人口规模巨大，只靠几个城市圈和少数经济发达地区不可能全面完成人口的城镇化。必须有效地引导产业向内地、中小城市和小城镇特别是大县城转移，让更多的农民就地就近就业转移。"教育的兴起可以引导人口集中。"北京大学国家发展研究院副教授李力行，参加了教育部教育规划与战略研究课题——《教育资源配置对城镇化进程的影响研究》。"相对于教育水平低的城市，居民教育水平较高的城市经济增长速度更快。提高居民教育水平，有利于促进中国人力资本的积累和长期的经济增长。"李力行说。对于教育和城镇化的关系，李力行概括为："城镇化的主要特点是要素的集中，尤其是人的集聚，这必将带动教育的投入和人口受教育水平的提高。反过来，教育水平的提高也必将提高生产效率，促进城镇化的进程。"因此，城镇化的迅速发展，给城市教育发展带来压力。加快调整学校布局，让教育更好地服务和更有力地推进城镇化进程，是当前教育面临的重要问题。不单是义务教育，还有义务教育后的教育都应该适时、合理地与我国未来城镇化发展协调同步。

一、新型城镇化发展过程中农村教育现状

全面提高人的素质是推进城镇化的基础工程，在十八大的报告中，对教育公平又有了新的要求："大力促进教育公平，合理配置教育资源，重点向农村、边缘、贫困、民族地区倾斜，支持特殊教育，提高家庭经济困难学生资助水平，积极推动农民工子女平等接受教育，让每个孩子都能成为有用之才。"教育是提高劳动者素质，推动经济发展的主要途径。

（一）义务教育

改革开放后，1986 年全国人大颁布《义务教育法》，确立了九年制义务教育，1992 年党的十四大提出，2000 年前基本扫除青壮年文盲，基本实现九年制义务教育，经过艰苦努力，2000 年我国在 85％以上的人口所在地区基本普及了九年义务教育，基本扫除了青壮年文盲。又经过十年攻坚克难，到 2011 年底，全国所有县级行政单位全面普及了九年义务教育，这是中华民族教育史上一个重要里程碑，

也是世界文明史上的一个奇迹。农村教育是中国教育改革和发展的重点。在中央政府的支持下，我国全面推进九年义务教育，义务教育覆盖面广，农村办学条件明显改善，学龄儿童都能够有学上、接受教育，为农村教育的发展奠定了良好的基础。经过调研发现，农村中小学教学质量不高，严重影响高中段教育的普及，也与广大农民群众对高质量教育的需求不相适应。农村基础教育质量与城市存在明显差异的主要原因如下。

第一，教育投入不足。有些地方仍有拖欠教师工资的现象，很多农村学校教学条件不理想，教学设施设备短缺，图书陈旧，实验仪器、电教仪器、多媒体设备短缺，个别学校校舍存在安全隐患。

第二，师资队伍综合素养不高，师资力量薄弱。教师年龄老化，体、音、美、信息技术、小学科学等专业专职教师配备不足。农村环境及生活条件差，不能吸引、留住优秀人才。

第三，教育教学质量不高，办学效益低。

第四，学校管理水平低。许多农村学校管理松懈，教学管理流程不清晰，缺乏教育质量监控体系。

第五，幼儿教育薄弱，幼儿教育发展长期停滞不前，教育观念落后，缺少正确的教育理论基础支撑以及专业的硬件，导致义务教育阶段学生学业起点低。

农村普及教育正在全面展开，并且取得了历史性的进展。但是，已经实现的九年义务教育只是初步的，教育水平低、城乡不平衡，这是严峻的现实情况。《2013年全国教育事业发展统计公报》显示，2013年全国共有义务教育阶段学校26.63万所，比上年减少1.55万所，其中，小学减少 1.51 万所，初中减少 412 所。同年，全国义务教育阶段在校生中农村留守儿童共 2 126.75 万人，比上一年减少144.32 万人。

根据 21 世纪教育研究院 2013 年发布的《中国农村教育现状及未来发展趋势》，由于农村学校大量向城镇和县城集中，导致出现"城满、乡弱、村空"的局面，随着城镇化的发展进程，大规模的人口流动和学龄儿童减少，凸显了城镇化背景下教育问题的严峻性和复杂性。据统计，2009 年全国农民工总量为 2.3 亿，其中外出农民工1.45 亿，大量农民工涌入城市，对教育、社会保障、城市管理带来新的难题，农民工子弟入学难问题会更加突出。

(二)农村职业教育

1. 政府统筹和投入力度不大

政府对职业教育重视不够，政策倾斜支持不够。经费保障、师资保障、地方政府参与、培训后评估等方面存在问题。地方政府财力相对不足，普教与职教投入比例失调，投入职业教育的经费比例很小，学费收入是职业教育经费的主要来源，由于缺乏资金，造成学校部分设备陈旧，办学条件不能有效改善专业调整滞后于社会需求。普高和普职在校生的比例严重失衡。

2. 封闭办学

目前的职业教育与企业及区域经济缺乏紧密联系，经济的发展引发人才的需求，技术人才的竞争推动教育快速发展，而开放式的教育则为加快人才培养提供了前提条件，成为经济发展的助推器。从"大职教"来看，校企结合虽然呼声很高，但目前职业教育与企业在某种程度上没有找准双方共同利益市场，校企结合实际上还仅仅停留在口头上或协议上，并无实质性合作，没有深入到经济建设的大循环中，难以真正发挥作用，形成互动的良性循环。

3. 学生生源短缺

农民是弱势群体，缺乏接受职业教育的经济能力，缺少接受职业教育的机会，甚至对教育的功能知之甚少。因此生源出现问题，没有更多人主动走进职业教育培训行列。

4. "农"字类职业学校或专业的潜力没有充分挖掘

传统的职业教育基本上以学校课堂讲授、理论讲解为主，无论是为升学服务还是为当地经济发展服务，都没有考虑人的主体性和目的性，与以人为本的发展理念背道而驰，无法与现代经济社会相适应。学校的办学目标方向不明确，需要调整，农村职业教育培训途径单一，方式相对落后，课程设置不尽合理，没有更好按需设置课程，培养的人才层次不够，与市场脱节。尤其是新型城镇化进程中应该培养适应农村和城市发展需要的双重人才，结果是仅仅侧重于农村人才培养等。

伴随着经济社会的发展，服务"农业"将会拥有更为广阔的发展前景。要实现新型城镇化的跨越式发展，必须依靠科技，而直接有效为农业服务的是职业教育。但长期以来人们头脑中根深蒂固形成的观念仍然支配着农村人口，家长们总是想方设法培养子女上大学走出农村，脱离农业，不能上大学的也培养他们一技之长，进城务工就业。相对来讲，愿意在农村就业的人员数量很少，而且农字类专业毕业学生就业难，农学、畜牧等专业学生对口从业率很低。

5.没有形成职教产业化的办学模式，培训与就业脱离

近年来，经济发展过程中，校企合作具有明显的区域特色，职业教育应该深入企业实现产学研相结合。我国职业教育的现状是发展速度落后，没有形成特色化的办学体系，没有形成完整的职教功能服务体系和有效机制，没有形成校企结合、产教一体化的发展优势，以增强自身造血功能，增强自我发展实力。

对企业优惠激励措施不够，企业没有动力进行职业培训。企业没有承担起相应的社会责任，只管招收自己需要的人才，不管培养。培训和就业无法挂钩，专业和职业无法挂钩，能力和收入无法挂钩等，核心竞争力和吸引力不够，社会认知度、认可度不够。

二、农村教育滞后不前的原因

近年来，政府和教育部门为教育发展付出了巨大的努力，通过外部"输血"、加大投入以及推进各类工程的方式，切实改善和提升了农村教育的办学条件和水平。但是，如果不能从根本上修补阻碍教育发展的二元社会体制"漏洞"，只一味"输血""灌水"，效果都是短期改善性的。

由于我国的公共服务和社会福利体系是与户籍制度捆绑在一起的，受城乡二元户籍管理制度影响，流动人口的生产、生活、就业、住房、子女教育、医疗、养老等基本社会保障方面不能与城市居民享有同等待遇。

（一）农村教育基础设施薄弱，农村教育体系有待完善

目前，我国农村基础教育设施底子薄，办学规模与教育发展的

需求不相适应，基础设施落后，教学资源匮乏，教学质量有待提高，严重制约教学的有效开展，农村职业教育运行机制差，教育经费紧张，学科结构不合理，种种问题也未能引起社会的广泛重视。虽然政府对教育的投入逐年增加，但是仍显捉襟见肘，在这种现状下，构建农村终身教育体系就成为一种空想。

（二）农村财力不足，导致农村教育投入不足

教育投入是支撑教育事业发展的物质基础，是事关长远发展的基础性、战略性投资。国家近几年来，加大对农村教育的关注，资金投入逐年增加，但是对于基础薄弱的农村来说，经费依然紧张，从教育经费和教育投资规模来看，农村教育的质量是难以有保障的。改善农村中小学办学条件，推进农村寄宿制学校建设，促进教育均衡发展，仍需大量的经费支持。

（三）教育支出结构不合理

教育经费分布不合理，支出结构偏向于电教化、多媒体等硬件设备，忽视了教育公共服务。

（四）师资力量流失严重

农村教师工资福利待遇低，劳动价值和劳动报酬不相适应，有些地方教师工资难以保证按时足额发放，农村教师工作任务重，教师个人发展空间有限，城乡差距大，大多数学校采取的管理方式为理性模式，是一种重机械、重权力、重章法的管理方式方法，源于对人性中理性因素的高度重视和充分利用。现行学校的管理者只强调集体制、自上而下的命令式管理，教师的教学积极性无法提高，教学环境差、工作环境恶劣，阻碍了教师的从教热情，导致了教师

流失。如果放任这种情况继续发展，农村教育仍将不断滑坡，终将失去持续发展的条件。

三、新型城镇化背景下农村教育发展的思考和建议

城镇化的过程中凸现的一个问题就是人的发展和稳定问题，实际上也就是人本身也要实现"城镇化"，包括人的工作、生活、观念、职业素养等都要实现城镇化。因此，教育在这个过程中必将起到核心的作用，通过对农村人口进行有针对性的教育，改变其职业素养、职业技能、职业观念，培养其参与城镇化建设的积极性，使之成为城镇化建设中的重要一环。

（一）如何转变教育模式

加快新型城镇化进程，迫切需要教育为农村劳动力转移发挥更大的作用，要积极稳妥地推进城镇化，提升城镇发展质量和水平，迫切需要实施现代化教育战略。要认真研究教育究竟应该如何适应新型城镇化的国家战略部署，教育如何积极配合我国经济方式转变的要求。教育自身具有迟效性，教育培养的人才与社会需求之间又存在滞效性，因此，在国家重大的战略布局之下，教育就必须着眼于根本问题，在打破城乡二元体制上动脑筋，使得教育能够借着新型城镇化发展的机会进行大力的改革。

第一，教育模式的转变应以质量为中心，教育质量应成为关键，在多层次、多样化的教育体系中，积极提升学生的综合素质。

第二，城乡一体化的发展，要求我们逐渐淡化乃至取消城乡教

育的双轨制，校园建设、教学考试、教师编制等都不适宜再搞城乡差异，应试行统一标准。

第三，经济发展方式的转变，要求我国职业教育应有更高层次的发展，打造高水平的职业教育体系、培养适应经济发展的高端技术人才应成为下一步的重点。

第四，不要忽视继续教育的发展，外来务工人员培训、企业的再培训，特别是关键行业及关键岗位的继续教育，能够为我国经济转变与发展产生直接推动。

（二）如何提升教育质量

彻底解决新型城镇化的前提必须是一元体制，而教育目前所出现的诸如随迁子女就学、异地高考、择校等热点难点问题，都是二元体制所造成的，因此，只有抓住新型城镇化的机遇，从体制转轨入手，实行城乡一体化的教育发展方式，才可能站在全局谋划教育，使教育在沿着新型城镇化发展的方向，实现教育现代化。

走城乡一体化的城镇化道路，需要重新认识农村教育的价值和重要性。面对我国教育城乡发展不均衡的现状，必须加快农村教育发展，转变教育观念，农村教育改革势在必行。教育是文化传承的主要途径，要推动实现高水平高质量的义务教育，形成惠及全民的终身教育系统，提供更加丰富的优质教育。

1. 提升农村义务教育质量

切实提高农村基础教育质量，是有利于推进城镇化进程的基础性工程。1978 年中国的城镇化率 17.9％，2009 年已达到 46.6％，"十二五"规划中国城镇化率突破 50％。到 2030 年达 65％，各类城市人口增加3亿。城镇化的快速发展是我们做好农村学校布局的重要契机，提高农村基础教育质量，必须把增加教育投入和端正办学思想作为重点来抓，培养适应现代化发展的人才。

《国家中长期教育改革和发展规划纲要（2010—2020年）》提出，"合理配置教育资源，向农村地区、边远贫困地区和民族地区倾斜，加快缩小教育差距。"从农村实际情况出发，要科学制定农村义务教育学校布局规划，调整学校布局，按照"小学就近入学，初中以乡镇为中心适当集中"的概念，规划和建设好农村学校。改善和提高小规模学校的教育质量，加强农村学校与社会的联系，严格课程管理，加强教学常规管理，积极打造高效优质课堂，不断优化教师队伍，提高教师专业素养，努力提高办学效益。

随着经济社会的快速发展，人民群众对公共文化服务的需求逐步增加，我国目前的公共服务体系，是在城乡二元的计划体制下形成的，如何通过持续的制度创新、机制创新，建立以常住人口为主的城市公共服务体系，实行基本公共服务的全覆盖。这就需要政府和社会加大投入，通过体制和机制创新，形成对流动人口的日常管理，改变以户籍人口为上的现行管理体制，建立在流动状态下公共产品、公共服务的提供机制，即以常住人口为准的公共服务提供机制，"建成覆盖城乡的基本公共教育服务体系，实现基本公共教育服务均等化"。

《国务院关于基础教育改革与发展的决定》指出："要重视解决流动人口子女接受义务教育的问题，以流入地区政府管理为主，以全日制公办中小学为主，采取多种形式。依法保障流动人口子女接受义务教育的权利。"实现公平的教育环境，实现均等化，在财政制度创新和转移支付机制创新的基础上，保障每一个流动儿童享有受教育的权利。当前，需要明确中央政府所应承担的财政责任，建立对流动儿童教育的中央财政转移支付制度，从而建立地方政府持久办好流动儿童教育的激励机制。

通过体制创新，改变政府包揽包办的思路，构建由政府、公办学校、民办学校、农民工子女家长、社会组织等多元主体共同治理的新体制，不仅要发展民办教育，而且可以将符合基本条件的外来人员自办的打工子弟学校合法化，政府通过购买学位、购买服务的方式提供公共服务。还要鼓励社会公益组织举办非营利的公益学校，通过多种渠道、多种体制扩大教育供给，满足城市不断增长的需求。

2. 提升农村职业教育的对策

在新型城镇化背景下，越来越多的农村青年进入城市，是一种历史趋势。同时，即便在未来二三十年我国的城市化率达到75%左右，中国仍将拥有绝对数量庞大的农村人口，拥有规模巨大的农业，农村并不会真的消亡，农业现代化仍然需要高素质的劳动者。农村教育不应该是单一的升学教育，不应该照搬城市化的"应试教育"，而需要满足为升学、为城市化和为新农村建设服务的三重目标。

发展现代农业需要培养现代职业农民，要根据农村人口老龄化、青壮年农业劳动力紧缺的情况，把培育现代职业农民提上发展现代农业的重要日程，出台相关政策措施和优惠政策，吸引青壮年农村劳动力从事农业，加强对农业从事者的职业培训，全力造就一批能够担当农业现代化重任的职业农民队伍。

近年来，各地政府的主要工作，是将流动儿童义务教育纳入公共服务的范围。下一步将这一服务扩大到了学前教育和中等职业教育。上海市已经提出将流动人口的公共服务纳入地方政府服务的视野，纳入政府的工作规划和财政预算，并将有条件地开放包括高等教育在内的各类教育服务。最终，在城乡一体化的户籍制度改革中，逐渐放开城乡二元的户籍限制，使外来农民工真正成为新市民。

从当前职业教育、职业学校的现状及存在的问题来看，我们应在以下几方面采取措施。

第一，重视发展农村职业教育，坚持政府统筹。

新形势下加快职业教育改革和发展，应加大政策支持力度，完善法规，增加教育财政投入，基层政府增加参与度，加快人力资源开发，不仅势在必行，而且非常紧迫。因此，要站在实践"三个代表"重要思想的高度上充分重视职业教育工作，切实加强领导，把职业教育工作纳入经济和社会发展的总体规划，列入政府重要议事日程，把职业教育作为实施科教兴国战略，促进经济和社会发展的大事抓紧抓好；要进一步推动《中华人民共和国职业教育法》《中华人民共和国劳动法》等法律法规的贯彻落实，完善执法监督机制，加大执法力度，提高依法治教水平；要强化政府对职业教育的统筹管理，通过管理体制改革，促进职业教育与区域经济和社会发展紧密结合，与其他各类教育协调发展；进一步组织动员企业、行业和各种社会力量参与职业教育发展；要大力宣传职业教育和高素质劳动者在现代化建设中的重要作用，创造有利于职业教育健康发展的改革环境，在社会上弘扬"三百六十行，行行出状元"的风尚，树立正确的教育观、职业观、人生观，提高生产、服务一线劳动者特别是高级技工和技师的经济收入和社会地位；要多渠道筹措资金，努力增加职业教育的投入，大力改善办学条件，确保用于职业教育的财政性经费和平均事业费的逐年增长；严格实施就业准入制度，加强职业学校学历教育和职业标准的衔接，充分发挥职业学校在推进职业资格证书和就业准入制度工作中的作用。

第二，深化教育教学改革，提高职业教育教学质量和办学效益。

根据我国职业教育的布局和特点，走产学研三结合办学之路，把教学活动与生产实践、社会服务、技术推广及技术开发紧密结合起来，增强职教自主发展和参与经济发展的综合实力；加强教师队伍建设，积极开展以骨干教师为重点的全员培训，提高教师的教育教学能力和学历层次，逐步提高具有教师资格和其他专业技术职务资格或职业资格的教师比例。应该按照国家确立的职业学校规定的师生比1∶10的比例配置教师，为职业教育纵向提高办学层次、横向拓展办学范围创造基本条件，推动职业教育大发展。

第三，强化为"三农"服务的意识，在推进农业产业化中发展职业教育。

推进新型城镇化进程，全面实现小康社会，必须把"三农"发展放在重要战略发展目标上，要根据现代农业发展和农业产业结构调整的需要，继续推进农科教结合，实行学校、公司、农户相结合，推动农业产业化。激励企业积极参与职业教育的发展。培训和企业就业相结合，提高就业能力、水平，开发就业市场。

一是普、职、成"三教统筹"，尽可能最大限度地实现资源共享，协调发展，在高中阶段以就业兼升学为目标，使普职成三教互相渗透，避免几块教育彼此独立，投入分散和资源浪费的现象。

二是学历教育与培训并举，职业学校面向"三农"，根据当前农村经济结构调整所需，开设农字类专业，在进行学历教育的同时，举办各类短期培训班，广泛提高农村从业人员的专业素质。采取用什么学什么的对口培训，直接为农民致富服务，促进农村经济发展。

第四，加强对初中后分流的宏观调控。

必须以大教育观对传统教育观实施改造，建立起与经济发展相适应的教育体系。明确办学方向，制定职业教育规划和标准，树立大教育观理念，推动和完善农村基础教育和农民职业教育，培训和研发相结合，学以致用。

近年来，普高热迫使普高扩大招生，导致普职发展失调，造成学校生源数量、质量明显下降，良性循环被打破。学校苦于生源匮乏，把更多的精力投入到抓生源上，办学效益不高，特色不突出，规模上不去。今年在高中阶段的招生中，普、职首批重点录取政策及时出台，明显地扩大了职业学校的招生规模。可以看出，职业教育回升的势头已出现，一定要抓住这个机遇，积极主动适应建设需要，进一步加强宏观调控，实现普职协调发展。

第五，提高办学层次，发展高等职业技术教育。

调整教育培训目标，努力做到培训和就业相结合，技能水平和收入相结合，新型农民培训和职业农民培训相结合。提高专业人才的市场认可度、经济收入和社会地位等。

从职业学校的现状和分布情况来看，选择整合中等职业教育资源，实行合并重组，改办五年制为主的职业技术学院的办法具有现实意义。既可以利用现有的中等职业教育资源进行五年制高职前三年的教育教学工作和各类短期培训工作，又可集中适应后两年高职教育阶段"双师型"和高级教师队伍进行高职文化课、专业理论教学和实践教学，切实提高教育资源的利用率；既可集中增设专业教学必需的教学设施、实践教学的场地和设施，又有利于建立起有效的产、学、研结合机制；既构建起中、高等职业教育兼顾的办学模式，又自然地盘活了职业教育的资源，他们互相依赖，互相促进，形成共同发展的良好局面。在学校内部进行调整改革：加大宣传力度，合理处理学费，扩大培训影响力，让更多农民走进课堂，参加培训，提高技能和管理水平；改革课程设置，学用结合，科学教育和技术培训相结合等；改革教学方式，加大实践课时和力度。调整办学模式，注重信息化时代对教育的影响，运用先进的教育技术和方法，如网络课堂，多媒体教学等。

要实现这样的目标，就需要面向农村的实际，创造性地改革农村教育。20世纪80年代，在农村开展农科教结合的尝试，开展普通教育、成人教育、职业技术教育"三教统筹"的农村教育综合改革实践，今天仍然值得借鉴，探索在新形势下农村教育的科学发展之路。

植根乡土的教育，不一定是农业科技教育，而是以学生的人格养成为目标，倡导平民教育、生活教育的价值，教育与农村社区发展紧密结合，是一种"为生活做准备的教育"。通过实行综合素质教育，促进学生的人格发展、公民道德和能力培养。如吉林抚松县农村学校的教育目标，就是"为18岁做准备"，将那些缺乏良好习惯、行为粗野的农村孩子培养成"语言文雅，行为儒雅，情趣高雅，心灵美雅之人"。这样，无论学生将来是继续升学、进城打工还是回乡务农，都获得了赖以安身立命的"通行证"。

新一轮城镇化即将发力，农村城镇化带动了社会经济的发展，教育将反过来有力的推动城镇化的进程。城镇化既是农业人口向城镇集聚的过程，也是资源深度开发利用、产业结构演进、生产布局更加合理、经济发展形成新的格局的过程。不论是侧重哪一方面，都离不开人的素质的全面提高，都有赖于各级各类人才的支撑。如果城镇化只是农业人口向城镇转移的空间意义上的搬迁的话，那么不仅发挥城镇生产要素的集聚和辐射作用是一句空话，而且社会结构的转型、思想观念的更新、现代文明的普及更是不可能实现。从微观的角度看，教育关系着居民生活质量的好坏，文化水平的高低；从宏观的角度看，教育关系着城镇化的进程和社会的可持续发展。从这个意义上说，教育对城镇化的实施具有极为重要的作用。我们需要在城乡一体化发展的视野中，围绕构建覆盖城乡居民的公共教育服务体系，深化城市教育改革，探索农村教育的科学发展之路。

参考文献

1. 徐匡迪. 中国特色新型城镇化发展战略研究. 北京：中国建筑工业出版社. 2013

2. 王梦奎. 中国特色城镇化道路. 北京：中国发展出版社. 2004

3. 李友梅等. 从弥散到秩序：制度与生活视野下的中国社会变迁. 北京：中国大百科全书出版社. 2011

4. 马力宏. 农村城镇化问题研究. 杭州：浙江大学出版社. 1997

5. 广德福. 中国新型城镇化之路. 北京：人民日报出版社. 2014

6. 仇保兴. 中国城镇化：机遇和挑战. 北京：中国建筑工业出版社. 2009

7. 岳文海. 中国新型城镇化发展研究. 武汉大学博士论文. 2013

8. 胡俊生. 我国乡村工业化城市发展模式辨析——兼论西部地区工业化城市化道路选择. 延安大学学报（社会科学版）. 2000-04

9. 涂露芳. 北京城镇化率 86% 全国第二. 北京日报. 2014-02

10. 胡少维. 城镇化模式国际比较与中国探索. 农村·农业·农民（A 版）. 2013-08

11. 栾小惠. 新型城镇化之路. 走向世界. 2013-04

12. 国家信息中心经济预测部区域规划与评估专题研究组. 城镇化模式国际比较与中国探索. 中国中小企业. 2013-04

13. 张涵. 新型城镇化的文化经济发展研究. 理论学刊. 2014-04

14. 辜胜阻. 新型城镇化的难点是人的城镇化. 唯实（现代管理）. 2013-01

15. 周毅. 城市化释义. 理论与现代化. 2004-01

16. 纪韶，朱志胜. 中国人口流动与城镇化格局变动趋势研究—基于"四普""五普""六普"长表数据的比较分析. 经济与管理研究. 2013-12

17. 周振超. 渐进均衡有序：走出城乡统筹结构性失衡的三个维度. 理论探讨. 2011-05

18. 吕计跃，贾后明. 生态文明——中国新型城镇化的历史考量. 社会科学家. 2014-04

19. 鲁贵卿. 中国新型城镇化建设的人文思考. 科技进步与对策. 2014-06

20. 肖金成. 城镇化与城市可持续发展. 中国金融. 2007-04

21. 徐恺. 社会主义核心价值管融合"纲要"教学的有效途径研究. 经济研究导刊. 2014-12

22. 高杰，刘洋洋. 以新型城镇化推进城乡一体化. 古今农业. 2014-12

23. 蔡昉. 关于中国人口及相关问题的若干认识误区. 国际经济评论. 2010-11

24. 中国人口老龄化发展趋势预测研究报告. 中国妇运. 2007-02

25. 侯玉娟. 中国人口问题的表现. 地理教育. 2010

26. 中国迎男性人口过剩社会. 人民网. 2012

27. 李晓宏. 人口，怎样均衡发展. 人民日报. 2011-04

28. 陆杰华，王茗萱. 流动人口服务管理与福利保障：现状、挑战与思路. 人口与计划生育. 2008-06

29. 熊桂桃. 新时期流动人口管理面临的挑战及其对策. 政法学刊. 2005-04

30. 张国胜，杨先明. 中国农民工市民化的社会成本研究经济界. 2008-09

31. 刘自新. 社会公平正义的制度经济学分析. 行政与法. 2007-12

32. 张维庆. 深入学习贯彻《决定》开创统筹解决人口问题的新局面（续）

33. 加强对人口和计划生育工作的领导. 中国计划生育学杂志. 2007-09

34. 冯留坡. 进城务工农民的劳动权益保障研究. 产业与科技论坛. 2008-04

35. 栾贵勤. 我国城市人口流动管理服务机制研究. 工业技术经济. 2007

36. 徐澜波，庞士奋. 用刑法规制胎儿性别鉴定并不可行. 社会观察. 2005

37. 中国行政管理学会课题组. 加快我国社会管理和公共服务改革的研究报告. 中国行政管理. 2005

38. 赵雪飞. 全球视野下的人才竞争态势及对策探析. 经济师. 2006

39. 蔡元森，赵芝瑞. 新农村基础设施建设中存在的问题及对策. 农业科技与信息. 2009-10

40. 李炳坤. 扎实推进社会主义新农村建设. 中国行政管理. 2006-05

41. 陈建. 扶贫地区基础设施建设思考——广西梅林村扶贫基础设施建设调研. 中国发展. 2012-12

42. 卢凤娟. 谈农村经济发展中存在的问题及对策. 语文学刊. 2012-12

43. 张红娣，陈光. 改善生活环境 实现村容整洁——第三批保持共产党员先进性教育活动党课引导之五. 党建. 2006-06

44. 姚学亮. 关于财政支持农村基础设施建设的思考. 产业与科技论坛. 2007-11

45. 郭玮. 新农村建设需要正确认识和把握的几个问题. 党建. 2006-04

46. 张学忠. 努力构建新型的工农城乡关系. 求是. 2006-06

47. 徐勇. 建构以农村为主体，让农民得实惠的乡村治理机制. 理论学刊 2007-04

48. 张陆红. 城镇化与资源环境协调发展的思考. 中国管理信息化. 2011-12

49. 江易华，鞠欢. 城镇化进程中生态城镇的建设与探析. 改革与战略 2014

50. 范彩萍，杨素敏，王燕品. 石家庄城镇化进程中的资源、环境问题研究. 小城镇建设. 2006-10

51. 吴雪梅. 城镇化进程中农村环境的保护. 2009年全国环境资源法学研讨会（年会）文集. 2009-08

52. 中国科学院城镇化研究小组. 农村"急速城镇化"态势应加以控制. 光明日报. 2007-01

53. 方创琳, 方嘉雯. 解析城镇化进程中的资源环境瓶颈. 中国国情国力. 2013-04

54. 陈浩, 方杏村, 王晓玲. 湖北省城镇化发展与资源环境消耗的实证研究. 生态经济. 2014-05

55. 李世元. 新农村建设中农村环境问题研究. 农业环境与发展. 2007-04

56. 杨卓羽. 资源性产品价格管理研究. 发展研究. 2011-04

57. 王占峰. 挥不去的灰霾. 企业观察家. 2012-02

58. 洪大用. 绿色城镇化进程中的资源环境问题研究. 环境保护. 2014-04

59. 王颖春. 重磅政策支持 生态文明建设将提速. 中国证券报. 2013-10

60. 徐云, 曹凤中, 曹葵. "在发展中保护, 在保护中发展"是指导我国可持续发展的战略思想. 中国环境管理. 2012-10

61. 周占成. 基于宁夏土地集约利用的土地整理研究. 能源与节能. 2011

62. 转基因食品——天使还是魔鬼. 新华网. 2012

63. 城镇化进程中土地政策与路径选择. 人民网. 2011

64. 曹开堂. 这地, 该不该给. 中国改革(农村版). 2003

65. 叶惟. 对农村土地纠纷的法律思考. 改革与战略. 2008

66. 朱奕. 谁在"挥霍"珍惜的土地. 人民政协报. 2011

67. 李振中. 守住耕地红线. 北京观察. 2013

68. 马立军, 郭玉凤. 我国城镇化进程中土地利用问题及对策. 安徽农业科学. 2008

69. 贺小慧. 家庭经营与农业现代化的结合. 人民论坛. 2014

70. 王永平. 城镇化进程中的土地资源压力与对策探讨. 贵州实施城镇化带动战略研讨会文集. 2011

71. 刘巧绒．增加农民土地财产性收入的土地产权障碍．经济研究导刊．2008

72. 傅战．我国小城镇建设土地利用问题探讨．国土经济．2000

73. 顾晓文，王建弟．合理利用土地资源 促进小城镇健康发展．农村经济．2003

74. 陈志刚，曲福田，韩立，高艳梅．工业化、城镇化进程中的农村土地问题：特征、诱因与解决路径．经济体制改革．2010

75. 龚健，刘艳芳，黄中华．我国土地整理存在的问题及对策．国土资源科技管理．2003

76. 王芳．我国耕地资源可持续利用的法律制度分析．科技信息．2010

77. 土地利用需总体规划．2010

78. 张亚，柳会，刘铁鹰．四川省生态循环型小城镇发展探讨．农村经济．2008

79. 高安峰．农民财产性收入增长探析．江苏农村经济．2009

80. 何亚丽．加快对农村土地承包流转的几点建议．河南农业．2010

81. 蔡卫华．农村：当前土地登记工作的重点．中国土地．2009

82. 程广超，钱大胜．农村城镇化过程中的土地问题及对策分析．农业经济．2010

83. 夏宁，夏锋．农民土地财产性收入的制度障碍与改革路径．农业经济问题．2008

84. 张日波．农房抵押的浙江实现及改革方向．当代社科视野．2014

85. 黄德辉．宅基地管理的困境与出路．中国土地．2014

86. 葛小凤．福州大都市区土地利用存在问题及解决对策．福建省土地学会2012年年会7文集．2012

87. 谢娟娟．农村城镇化与就业问题探讨．理论与当代．2009-01

88. 项峥．创造稳定就业机会是城镇化最大挑战．上海证券报．2012-12

89. 李贵成. 新生代农民工城镇化的现实困境与对策研究. 学习论坛. 2013-07

90. 方辉振，黄科. 新型城镇化的核心要求是实现人的城镇化. 中共天津市委党校学报. 2013-07

91. 沈成富. 浅谈农村剩余劳动力转移. 市场周刊. 2007-07

92. 陈鸿宇. 新型城镇化核心要求是人的城镇化. 理论参考. 2013-05

93. 翟年祥，项光勤. 城市化进程中失地农民就业的制约因素及其政策支持. 中国行政管理. 2012-02

94. 齐中英，范海燕. 黑龙江省城乡经济协调发展战略探析. 商业研究. 2005-06

95. 高孝堂. 论西部地区推进农业产业化经营的新突破. 改革与战略. 2003-07

96. 涂圣伟. 着力将财产性收入培育成农民增收新亮点. 中国发展观察. 2010-11

97. 马素美. 十八大后增加农民财产性收入研究. 财经界. 2014-08

98. 夏宁，夏锋. 农民土地财产性收入的制度障碍与改革路径. 农业经济问题. 2008-11

99. 徐汉明. 创造条件让更多农民获得财产性收入. 农民日报. 2012-12

100. 曹正汉. 中国上下分治的治理体制及其稳定机制. 社会学研究. 2011-01

101. 陈静萍，曹洪滔. 论创造条件让农民拥有财产性收入. 北方经济. 2008-02

102. 颜溢惠. 增加居民财产性收入　政府和资本市场应双管齐下. 科技信息. 2008-03

103. 王巍. 增加农民财产性收入探析. 经营管理者. 2014-02

104. 卢春菊. 增加农民财产性收入实现农村经济社会全面发展. 中国农业信息. 2014-06

105. 葛福东. 改革开放以来中国共产党农村社会建设理论与实践研究. 吉林
　　　大学博士论文. 2010-05

106. 杜辉. 我国居民财产性收入动态演化：结构与差距研究. 西南财经大学
　　　博士论文. 2011-03

107. 姜向群，郝帅. 北京市流动人口社会保障状况及其影响因素分析. 北京社
　　　会科学. 2008

108. 程昶志. 我国流动人口社会保障问题研究. 开发研究. 2008

109. 郑功成. 中国流动人口的社会保障问题. 理论视野. 2007

110. 冯菲. 关于事业单位社会保障制度改革的现状和几点建议. 改革与开
　　　放. 2014

111. 张弥. 社会结构变化中的人口迁移与城镇化. 科学社会主义. 2013

112. 杜丽红. 中国城市流动人口管理问题研究. 西南财经大学博士论
　　　文. 2007

113. 卢海元. 农村社保制度：中国城镇化的瓶颈. 经济学家. 2002

114. 邢伟. 城镇化进程中加快推进社会保障制度衔接与整合. 中国发展观
　　　察. 2013

115. 宋斌文. 社会保险法草案的优点和缺点分析. 财政与发展. 2009

116. 杨玉民. 社会保障怎样才能保障到每个人身上. 宏观经济管理. 2002

117. 廖桂蓉. 中国转型期城镇贫困居民的人力资本投资研究. 西南财经大学
　　　博士论文. 2007

118. 雍冀慧. 军人社会保障理论述评. 军事经济研究. 2009

119. 王岩. 浅析当前我国军人社会保障制度问题. 神州. 2013

120. 王霞. 我国医疗保险制度存在的问题及其完善. 产业与科技论坛. 2012

121. 陈富韬，汪建荣，齐贵新，刘殿奎，张阳德. 完善我国现代医疗保障制
　　　度的建议. 中国现代医学杂志. 2011

122. 杨东平. 新型城镇化道路对教育的挑战. 基础教育论坛. 2013-08

123. 赵婷婷. 我国农村义务教育的问题及解决对策. 农业技术与装备. 2010-04

124. 谈松华. 农村教育：现状、困难与对策. 北京大学教育评论. 2003-01

125. 邵清. 发展教育，促进城镇化进程. 中国教育学刊. 2001-12

126. 崔志钰. 涉农专业发展面临的挑战与机遇. 农业教育研究. 2008-06

127. 郑良泽. 全面推进农村城镇化建设是农民增收的根本途径. 小城镇建设. 2005-04

后 记

　　时光老人走到了 2015 年，我在中央电视台农业频道工作已经是第 23 个年头了，这 23 年我一直没有离开过三农宣传报道，足迹踏遍了祖国大江南北，无论是省会城市还是乡镇农村，无论是湿润温暖的南方还是冰天雪地的东北，无论是最北端的漠河还是最南端的海南岛，都留下了我采访的印记。我从小出生在农村，大学本科就读中国农业大学，硕士考取中国人民大学商学院和新闻学院，博士读的是武汉大学新闻与传播学院传播学专业。多年的三农媒体从业经历让我对农业、农村、农民怀有非常深厚的感情，同时也见证了这些年三农的发展变化。应当说中国有今天这样的国际地位，有今天的成就，老百姓有今天的日子，城镇化建设工程居功至伟。

　　也许是历史的机遇和巧合，2014 年成为我接触和关注城镇化建设最多的一年。2014 年也必然在我的参政议政历程中占据比较重要的位置。作为中国民主促进会的一名会员，同时担任民进北京市委文化委员会副主任，这一年多次组织央视不同频道不同栏目记者对民进中央两会参政议政成果宣传报道，多次参加北京市委统战部和民进北京市委举办的各种培训班，参与修改北京市政府工作报告；参与立法民主协商工作，同时也提交了很多政策建议或社情民意信息，并有多篇信息得到北京市委、市政府有关领导批示，被北京市委、市政府、市政协、市委统战部等采用。这一年我作为民进北京市委代表，参加了北京市政协"北京市新型城镇化建设"课题调研工作，同时担任民进北京市委"新型城镇化建设中农民财产性增收研究"重点调研课题负责人。该课题被评为北京市民主党派参政议政优秀调研成果二等奖，推荐为北京市政协十二届第三次会议书面发言材料。

在调研和采访中我也注意到，新型城镇化发展中还存在着一些问题，大家从媒体上，从各种研讨会上都可以听到不同声音，这些声音有助于我们寻找原因、发现问题，有助于国家调整相关政策，在推进新型城镇化建设中方向把握的更准、错误和代价更少。城镇化建设需要协调发展，城镇化不是简单的城市人口比例增加，而是在产业支撑、人居环境、社会保障等很多方面，真正实现由乡到城的转变，是要以人为核心，以质量为关键。城镇化是个极为复杂的经济社会变化的过程，需要很多新的协同发展政策。目前党中央、国务院采取了一系列推进新型城镇化建设的政策措施，学术界也在积极分析、透彻研究城镇化建设的新模式、新途径，各地企业家也在积极参与新型城镇化建设的实施。城镇化已经成为全国关注的热点和焦点。围绕这些问题我们课题组做了深入细致的调查研究。在北京市政协的组织下，与中央和北京市各单位的领导、专家一起，走遍了北京市 18 个郊区县和各个委办局，采访了很多领导、专家学者、企业家和农民，对新型城镇化建设有了更全面、更深层次的了解，也收集到许多非常宝贵的资料。同时利用外出采访的机会，也考察调研了河北、河南、安徽、陕西、山西、海南、四川、江苏、重庆等不同省份和直辖市的新型城镇化建设。本书就是在北京市政协和民进北京市委两个调研课题基础上，同时查阅了大量文献和学习吸纳前人研究成果的基础上完成的。

本书能够成稿出版要感谢众多领导、专家、同事给予的支持和帮助。本书的出版首先要特别感谢全国政协常委、副秘书长、民进中央副主席朱永新，朱主席对事业的卓越追求和辛勤付出是我前进的榜样，在课题调研和写作过程中朱主席给了很多具体指导和帮助，特别是在参政议政专业能力上对后辈的宽容。特别感谢武汉大学党委书记韩进，韩书记作为武汉大学掌舵者，也是教育战线一名资深专家，在本书的采访成稿阶段给予了很多指导。感谢全国人大常委、民进中央常委、民进北京市主委庞丽娟教授，庞教授对课题调研、内容章节安排都给出了很多中肯意见。感谢国家新闻出版广电总局、中国新闻出版研究院党委书记、副院长黄晓新、北京市政协经济委员会吴杰主任、中宣部新闻出版局副局长张凡、中共中央党校教授、博导施红等对本书的推荐。尤其是要感谢韩书记、朱主席、庞主委等领导专家在百忙之中欣然为本书作序推荐，他们的精彩点评让本书的思想深度和价值理念得以升华。

本书能够顺利面世，还要感谢民进中央王佐书副主席、刘新成副主席、参政议政部陈鸣部长、宣传部黎晓英部长、社会服务部刘文胜部长以及民进北京市委常务副主委李焕喜、副主委毛桂芬、副主委张颐武、副秘书长苍玉清，感谢民进北京市委组织处鲁剑处长、参政议政处徐路处长、社会服务部陈平处长、宣传处张瑞芳处长、办公室李长青主任，感谢他们在民进北京市委这个大家庭中对我的帮助。当然还要感谢中央统战部办公厅王丽颖副主任、北京市委常委、统战部牛有成部长、党派处滕鑫处长、北京市政协经济委员会祝明扬副主任等政协和统战部的各位领导，你们的支持和鼓励让我有了参政议政的动力和决心。感谢一起参与课题调研的国家开发银行首席经济学家黎维彬、国土资源部土地整治中心研究员王洪波、中国人民银行调查统计司贾颖、首都经贸大学校长文魁、中国人民大学社会人口学院副院长张文娟、中国华力控股集团董事长丁明山、北京市郊区旅游开发公司董事长王立嵘、北京市交通委员会党委书记曾刚健、密云县政协主席王春林等政协委员们，与你们一起考察、调研、座谈，让我学习了很多关于城镇化发展的新思路、新观念。

本书成功出版还要感谢求学路上对我孜孜教诲的各位恩师们：武汉大学副校长周叶中、总经济师应惟伟、新闻与传播学院院长石义彬教授以及我的博士生导师、武汉大学广播电视系主任冉华教授，感谢中国人民大学副校长伊志宏教授、研究生院副院长宋远方教授和我的硕士生导师刘凤军教授以及中国农业大学校长柯炳生教授，北京大学教育学院副院长、我的访问学者导师岳昌君教授，还有河北正定中学校长周庆、副校长韩文惠、校友办黄雄主任等。正是这些恩师在学术上对我的教育和指导使我可以站在全局的角度研究新型城镇化建设。同时还要感谢在全国各地调研过程中，原农业部党组成员、中纪委驻农业部纪检组组长朱保成、中国优农协会执行会长黄竞仪、云南省人民政府扶贫办主任李新平、副主任王仕平、社会服务处处长纪毅、副处长邹璐同以及中央电视台农业频道中国农业电影电视中心的各位领导给予的大力支持和帮助，正是他们的支持使我得以在全国范围开展有关城镇化的调研和资料收集工作。在采访调研中，国家人力资源和社会保障部卢海元司长、生命人寿保险股份公司董事长助理王佰玲、中国优生优育协会常务副会长吕贞臻等几位前辈在社保政策、农村医疗养老等方面给出了很好的政策建议和思路，对本书有关章节帮助很大。更要感谢做了很多具体工作的几位同志们，我的同事宋翠、高新等人以及北京大学李慧宁、中央财经大学戴缘等都做了大量文献查阅、图表制作、材料整理等具体工作，在此对他们的付出表示深深的感谢。

与此同时，还要感谢我的夫人北京大学工学院党委副书记李军凯教授和儿子李宇航。对于很快就要到河北大学挂职副校长的夫人来讲，时间非常宝贵，但仍然为本书的出版付出很多，帮我认真审阅了全书，对整体的定位和思路给出很好建议，如果没有她生活上对我无微不至的照顾和不厌其烦的督促，本书很难这么快完成。在人大附中读初二的儿子在本书的排版、封面设计等方面也给出了自己的独到建议。所以非常感谢家人对我的全方位付出和默默奉献。

本书即将出版之际，还要感谢北京师范大学出版社马佩林、邱恋、祁传华等出版界同仁，感谢他们跟我一起认真策划选题、修改书稿，他们严谨的工作作风和高质量的编辑工作确保了本书的稿件质量。本课题还得到了北京市政协、民进北京市委、北京市各区县政府、部分省市农业厅等单位的大力支持，在调研期间，课题组受到了热情接待，并提供了丰富的素材和信息。对他们的付出一并表示衷心的感谢。

　　新型城镇化建设是一项伟大的跨世纪工程，本书是结合一年来课题调研和多年实践经验总结出来的一些思路和对策，愿意拿出来与大家一起分享，希望能对国家新型城镇化建设尽一点微薄之力。但是由于时间和精力、能力的原因，尤其是认识上的一些误区和偏差，书中尚存很多不足甚至错误之处，请各位领导、专家学者和读者批评指正。

李振中

2015 年 4 月